Fidèle à sa volonté de maintenir vivant l'ensemble du catalogue et de continuer à rendre accessible à tous la richesse de son contenu, Les marques du groupe L'Harmattan proposent les ouvrages, même s'ils sont épuisés dans leur premier tirage, et les impriment à la demande.
Au vu de l'ancienneté de ce titre, un exemplaire original a été numérisé pour être réimprimé, ce qui pourrait altérer légèrement la qualité de certains passages.

LA RÉPUBLIQUE ANTIPARTICIPATIVE

© L'Harmattan, 2009
5-7, rue de l'Ecole polytechnique, 75005 Paris

http://www.librairieharmattan.com
diffusion.harmattan@wanadoo.fr
harmattan1@wanadoo.fr

ISBN : 978-2-296-07974-8
EAN : 9782296079748

Sous la direction de
Jean Tournon

LA RÉPUBLIQUE ANTIPARTICIPATIVE

Les obstacles à la participation
des citoyens à la démocratie locale

L'Harmattan

Questions Contemporaines
*Collection dirigée par J.P. Chagnollaud,
B. Péquignot et D. Rolland*

Chômage, exclusion, globalisation... Jamais les « questions contemporaines » n'ont été aussi nombreuses et aussi complexes à appréhender. Le pari de la collection « Questions contemporaines » est d'offrir un espace de réflexion et de débat à tous ceux, chercheurs, militants ou praticiens, qui osent penser autrement, exprimer des idées neuves et ouvrir de nouvelles pistes à la réflexion collective.

Dernières parutions

Laurent VERCOUSTRE, *Faut-il supprimer les hôpitaux ? L'hôpital au feu de Michel Foucault*, 2009.
Anne-Marie GANS-GUINOUNE, *Et si c'était à refaire... ? Des françaises immigrées aux Pays-Bas racontent*, 2009.
Florence SAMSON, *Tabous et interdits, gangrènes de notre société*, 2009.
Jean-Philippe TESTEFORT, *etre@eleve.com. Envisager une transmission durable*, 2009.
Madonna DESBAZEILLE, *Ouverture pour le XXIe siècle*, 2009.
Jean-Pierre COMBE, *Lettres sur le communisme. Un intellectuel communiste témoigne et réagit*, 2009.
Gérard MASSON, *L'ébranlement de l'universalisme occidental. Relectures et transmissions de l'héritage chrétien dans une culture « relativiste »*, 2009.
Christian SAVES, *La Gauche française*, 2008.
Voula P. MEGA, *Modèles pour les villes d'avenir. Un kaléidoscope de visions et d'actions pour des villes durables*, 2008.
Élisée MONTFAJON, *La discrimination positive à l'université aux Etats-Unis. L'exemple des universités du Wisconsin*, 2008.
C. A. AGUIRRE ROJAS, *L'Amérique latine en rébellion*, 2008.
Sylvain BARTET, Jean-Paul BEAUQUIER, *Pour en finir avec ceux qui ne veulent plus être socialistes...*, 2008.
Gilles ROTILLON, *Faut-il croire au développement durable ?*, 2008.

LA REPUBLIQUE ANTIPARTICIPATIVE

Les obstacles à la participation des citoyens à la démocratie locale

Préface .... p 9

Introduction .... p 11

I - Participation à la démocratie locale en France

1. Démocratie représentative, démocratie participative (Jean Tournon) .... p 17

2. Démocratiser d'abord (Marion Paoletti) .... p 23

3. Mise en perspective de la démocratie participative (Georges Gontcharoff) .. p 47

4. Des structures antiparticipatives (Jean Tournon) .... p 53

5. Problème de la participation dans l'intercommunalité (François Hollard) .... p 71

6. Les obstacles à la participation associative (Jean-Pierre Charre) .... p 89

7. Des obstacles à la participation citoyenne : paroles d'élus .... p 113

II - Participation à la démocratie locale à l'étranger

8. Italie : Difficile renouvellement de la participation civique
(Chiara Sebastiani) .... p 131

9. Japon : Participation des habitants ... au service public
(Gakuto Takamura) .... p 145

10. Québec : Pour une démocratie territoriale (Roméo Bouchard) .... p 157

11. Suisse : une comparaison avec la France (Martin Bühler) .... p 163

**Conclusions : Priorité à la réforme des institutions.
Et, pour la réforme, priorité aux citoyens** .... p 169

Quelques orientations bibliographiques .... p 175

PREFACE

Pierre Bolle[1]

Il n'y a pas de hasard !
C'est bien à Grenoble en 1926 qu'est mise en place la première Union de Quartier, celle de l'Ile Verte. Trente ans plus tard, 19 Unions de Quartier recouvrent l'ensemble de la cité grenobloise. Dans les années 60, elles se dotent d'une structure de coordination[2], le Comité de Liaison des Unions de Quartier, le CLUQ.

En novembre 1964, ce sont ces Unions de Quartier qui soutiennent le GAM de Grenoble (Groupe d'Action Municipale), nouveau venu dans la vie politique locale, et permettent, l'année suivante, l'élection d'Hubert Dubedout, acteur inattendu dans la vie quotidienne de la cité alpine. La politique municipale mise en place à ce moment là a permis à ces Unions de Quartier de participer d'une manière efficace aux décisions concernant cette nouvelle « politique de la ville ».

Quelques années plus tard, lors d'un colloque national tenu à Royaumont, rassemblant pendant plusieurs jours sociologues et urbanistes, sur le thème de la « Rénovation urbaine », une communication a été consacrée aux « Unions de Quartier à Grenoble », alors qu'à Paris les premiers pavés commençaient à bouger... Nous étions au début mai 68 ! Grenoble, à ce moment là, était considérée comme un modèle de participation des citoyens à la gouvernance d'une ville et à son aménagement, répondant aux vœux de ses habitants, et le Comité de liaison des Unions de Quartier demandait à être associé à « l'élaboration des objectifs qui

---

[1] Historien, sociologue, maître de conférences honoraire à l'Institut d'études politiques de Grenoble, Université Pierre Mendès France

[2] Plus récemment les associations d'habitants de Grenoble et de l'agglomération ont constitué une structure comparable, Les Associations d'Habitants du Grand Grenoble, Lien et Ouverture, LAHGGLO.

servent de base au plan de la ville », en dialogue permanent avec le pouvoir municipal et les techniciens de l'Agence d'urbanisme.

Aujourd'hui, à Grenoble - et ce n'est sans doute pas un hasard – est posée à nouveau, quarante ans plus tard, la question lancinante de la « démocratie participative ». Les 16 et 17 novembre 2007, le CLUQ, LAHGGLO et l'Institut d'Études Politiques de Grenoble (IEP) ont invité[3] des représentants d'associations, des élus et des spécialistes universitaires pour analyser les différents obstacles rencontrés par nos concitoyens pour participer plus activement à la vie publique locale. Il est certain que cette question remet en cause le système politique et l'administration territoriale de la France actuelle. Mais cette réforme de la démocratie locale, si elle est indispensable, n'est pas évidente pour l'ensemble des citoyens et surtout pas pour l'ensemble des « gouvernants ». La démarche qui est proposée dans ce livre devrait contribuer à faire avancer la réflexion et à prendre les décisions indispensables pour la société française du nouveau millénaire.

---

[3] Le Comité éditorial de ce livre et les présidents du CLUQ et de LAHGGLO tiennent à remercier les collectivités locales, l'IEP de Grenoble, tous ceux qui ont participé à ces échanges et particulièrement Janig Mouro, collaboratrice des deux associations, qui les a recueillis et a permis de les publier.

Introduction

Quelle prétention pour des associations de quartier que de se mêler d'évaluer et réformer le système de démocratie locale de la France ! Trois grandes raisons nous y poussaient quand nous avons commencé, en 2006, à vouloir introduire cette préoccupation dans des rencontres nationales d'associations d'habitants et comités de quartier[4], et elles restent, sinon tout à fait inchangées, du moins toujours aussi mobilisatrices.

Premièrement, nous prenions très mal, à l'époque, que face à une insatisfaction apparemment générale (d'un côté, des élus se plaignant tout le temps d'un mauvais partage des compétences et des ressources, et, de l'autre, des citoyens se sentant, là-dessus, aveugles et sans pouvoir), il y ait une démission de la totalité des acteurs potentiels : parlementaires, dont la plupart occupent également le terrain local, partis, associations et autres instances participatives à tous les niveaux, praticiens de la gestion territoriale et chercheurs. Nous avons donc cru qu'il était de notre devoir d'attirer l'attention sur ces questions et de pousser à la réforme parce que personne d'autre ne le faisait[5]. Si nous avons perdu - et c'est tant mieux - notre place solitaire lorsque le président de la République a inscrit la réforme de l'organisation territoriale au calendrier de l'année 2009, cela n'a fait qu'amplifier nos craintes de voir une société civile, paradoxalement peu attentive à ces questions et encore moins préparée à s'y faire entendre, rester hors jeu lorsque commenceront les tractations entre gouvernement et 'grands élus'. L'urgence qu'il y avait en 2006 à éveiller nos

---

[4] Carrefour National des Associations d'Habitants et Comités de Quartier (CARNACQ)
[5] « C'est à nous de le faire, d'abord parce que les autres (associations d'élus locaux, partis politiques, spécialistes du droit public, etc.) auraient pu le faire, ne l'ont pas fait et, vu leurs habitudes dans le système actuel, ne le feront pas si nous ne nous manifestons pas. » (tract du 1er février 2007, Comité de Liaison des Unions de Quartier de Grenoble (CLUQ) et Les Associations d'Habitants du Grand Grenoble : Lien et Ouverture (LAHGGLO)

concitoyens à la nécessité de réformer est devenue encore plus grande, maintenant que la réforme va se déclencher et se négocier pendant que beaucoup d'entre eux regardent ailleurs.

Deuxièmement, prendre l'initiative d'une revendication de démocratie locale est salubre pour les associations d'habitants en les faisant publiquement dépasser les frontières du domaine tranquille dans lequel beaucoup aimeraient les confiner : celui de la 'proximité', vous savez bien, celui des emblématiques crottes de chien, souvent évoquées par nos contempteurs, même si elles ont été récemment élevées à la dignité de déjections canines ! Par une telle initiative nous clamons et confirmons notre nature d'associations civiques, généralistes et démocratiques, qui ne sauraient se désintéresser de la bonne marche de la démocratie dans son ensemble : « C'est à nous de le faire parce que nous représentons des associations de quartier vouées justement à faire fonctionner le mieux possible 'leur' démocratie locale et la démocratie locale en général»[6]. De plus, les associations d'habitants ont tout à gagner à être insérées dans un système local de bonne qualité, c'est-à-dire qui serait plus réceptif, plus réactif et plus performant qu'actuellement : « c'est notre évident intérêt, aussi bien pour la qualité de nos élections (organisées nationalement, les enjeux locaux, qui devraient y être les seuls considérés, sont éclipsés, submergés par des enjeux nationaux) que pour avoir la voie libre pour travailler [avec] un meilleur fonctionnement démocratique»[7]. Ne peut-on aussi espérer que se vérifie l'adage selon lequel la vie locale est l'école de la démocratie, et, pourquoi pas, rêver que la réflexion et les progrès qui auraient fleuri dans les quartiers soient utilisables et utiles au niveau national : « Quel rôle formidable pour des associations de quartier que de permettre de dégripper ainsi, grâce à une réforme de nature modeste, la machinerie démocratique de la France !»[8].

Troisièmement, la conjoncture nous obligeait à nous situer, non pas en opposition, mais en contrepoids, à l'engouement pour les mille inventions de la démocratie participative : « il est important aujourd'hui de ne pas (...) recourir à des recettes miracles au lieu

---

[6] ibid.
[7] ibid.
[8] ibid.

de prendre le temps de s'interroger sur les obstacles structurels à la participation et sur les moyens de les réduire et, si possible, de les supprimer. Notre expérience quotidienne nous a fait identifier (...) les obstacles à la compréhension du champ politique, (...) les obstacles à l'action des électeurs, (...) les obstacles à l'action des associations d'habitants, (...et) les obstacles à l'action des collectivités territoriales »[9]. Ainsi se trouvaient tracés les grands axes de la rencontre de novembre 2007 et, sur cette lancée, ceux du présent ouvrage. Ce que l'on appelle la démocratie participative est une excellente démarche tant qu'elle n'est pas un cache-misère, voire une diversion, par rapport au fait que l'ensemble du système français de démocratie locale dysfonctionne et se trouve ainsi être le premier responsable de la désaffection des citoyens. Rendre la république elle-même enfin participative, telle nous a semblé et nous semble toujours être la priorité, avant d'encourager des milliers de collectivités territoriales à échafauder, chacune dans son coin, des dispositifs participatifs, tous plus ingénieux les uns que les autres, mais tous ensemble incapables de corriger le caractère massivement dissuasif du système politique et administratif territorial.

Ce choix de stratégie, consistant à se préoccuper en priorité du problème le plus grave plutôt que de multiplier les palliatifs, nous semblait aller de soi ; pourtant, il s'est avéré peu facile à faire partager. Le halo favorable autour des expérimentations de la démocratie participative semble empêcher les militants associatifs et encore plus les élus[10] d'y prêter une vraie attention et de décider ou non d'y souscrire. C'est pourquoi nous avons jugé utile de poursuivre notre mise en garde en proposant noir sur blanc

---

[9] Prospectus annonçant le colloque de Grenoble « Démocratie locale : osons innover » organisé les 16 et 17 novembre 2007 par le CLUQ (Comité de liaison des Unions de quartier de Grenoble, LAHGGLO (Les associations d'habitants du Grand Grenoble : lien et ouverture) et l'IEP (Institut d'études politiques de Grenoble)

[10] Il est frappant qu'aucun des élus de premier plan qui nous ont fait l'amitié de participer au colloque de Grenoble et qui avaient été dûment munis du prospectus dénonçant, sur les trois quarts de son texte, les obstacles à la participation des citoyens, n'ait pris conscience de l'existence de cette option stratégique ; d'emblée, chacun a traité de sa philosophie, de ses efforts et de ses réussites en matière de démocratie participative.

descriptions et arguments concernant ces multiples obstacles institutionnels ou coutumiers à la participation des citoyens à leur vie démocratique locale : un livre pourra les communiquer plus posément et, du moins nous l'espérons, en permettre un examen fructueux.

Est-il nécessaire, avant d'entrer dans le vif du sujet, de souligner que ce thème était assez ardu pour que nous veillions à ne pas en déborder : c'est par souci d'efficacité et non par oubli que nous n'avons pas traité de questions, certes importantes mais hors de notre champ d'étude. On ne devra donc pas nous reprocher, comme ce fut parfois le cas dans des réunions, notre silence sur le fonctionnement de la démocratie française aux niveaux parlementaire et présidentiel ou sur les obstacles généraux à toute participation politique, tels que des difficultés matérielles ou psychologiques insurmontables ou la non accession à la citoyenneté. Le terrain de la participation spécifiquement locale nous a paru suffisamment immense pour que nous ne nous dispersions pas sur d'autres objets, aussi dignes d'intérêt soient-ils.

PREMIERE PARTIE
PARTICIPATION A LA DEMOCRATIE LOCALE EN FRANCE

Chapitre 1 - Démocratie représentative, démocratie participative

Jean Tournon[11]

Les campagnes électorales - récentes ou prochaines - et les médias donnent l'impression que nous sommes entrés dans l'ère de la démocratie participative et que nous vivons donc la fin de l'ère de la démocratie représentative, cette époque où le citoyen n'était qu'un électeur : c'est-à-dire souverain tous les 5, 6 ou 7 ans et muet le reste du temps.

Pareille chronologie est doublement fautive : premièrement, la démocratie représentative n'est nullement dépassée[12], elle a encore de beaux fruits à porter ; ce serait folie de chercher à s'en débarrasser, surtout tant que nous ne sommes pas certains d'avoir trouvé nettement mieux en échange ; c'est pourquoi ce chapitre débutera par un éloge de la démocratie représentative.

La deuxième erreur, c'est d'appeler démocratie participative les diverses stratégies concoctées par des élus ou des spécialistes et qui sollicitent un petit nombre de citoyens pour qu'ils parlent à la place du grand nombre, autrement dit pour représenter la totalité ; il me semblerait plus exact dans ce cas de parler de « démocratie représentative bis ».

De même que nous nous interdisions pragmatiquement de dénigrer la démocratie représentative originelle, nous ne dirons aucun mal des dispositifs de cette démocratie représentative bis que tant

---

[11] Responsable de la commission conjointe Démocratie locale et participation des Unions de quartier de Grenoble (CLUQ) et du Grand Grenoble (LAHGGLO), auteur du *Guide des institutions légales de quartier*, *Les cahiers de la participation*, Numéro 3, 2002, publié par le Carrefour National des Associations d'Habitants et Comités de Quartier (CARNACQ)

[12] Quoi qu'en dise théâtralement Jacques Julliard : «La démocratie représentative n'est pas en crise. Elle est finie ! » (La Croix, 23 octobre 2007)

d'élus dans tant de villes se donnent beaucoup de mal à mettre sur pied et à maintenir en vie. En revanche, il ne faut pas manquer de nous demander s'il ne serait pas plus judicieux de commencer par le commencement, en reconnaissant que les citoyens ont de bonnes raisons de ne pas participer ou de peu participer quand ils se trouvent face à un système politico-administratif local excessivement complexe, beaucoup trop difficile à atteindre et à faire bouger.

La logique demande, en effet, de ne pas autant miser sur des politiques visant à inciter les citoyens à s'engager tant que l'on n'a pas évalué et combattu tout ce qui les dissuade de s'engager. Autrement dit, ne serait-il pas judicieux d'investir en priorité dans une réforme du système de démocratie locale, actuellement largement illisible et inaccessible, plutôt que dans le prêchi-prêcha et les gadgets participatifs ?

Enoncer et justifier cette priorité de la chasse aux obstacles structurels à la participation à la vie démocratique locale est suffisamment à contre-courant et difficile pour que nous nous efforcions de rester focalisés sur ces problèmes, sans dériver vers la prise en charge d'autres catégories d'obstacles ; nous savons bien qu'ils existent et font, eux aussi, des ravages :
- obstacles personnels, rencontrés par ceux que la misère économique ou psychologique tient éloignés de la vie collective
- obstacles légaux, par exemple concernant le droit de vote (âge de majorité, nécessité d'avoir un domicile et la citoyenneté française, etc.)

Mais ce ne serait pas sérieux de prétendre en traiter alors que nous avons déjà un travail énorme et ambitieux à faire sur les obstacles institutionnels spécifiques à la démocratie locale.

ELOGE DE LA DEMOCRATIE REPRESENTATIVE

Le modèle de la démocratie représentative est peut-être fruste, mais il comporte de fortes exigences. Puisque l'élection (de gouvernants ou de représentants) en est le temps fort, celle-ci ne doit être ni simulacre, ni sans portée. Pour cela, le vote doit être émis par un citoyen correctement informé. Or, celui-ci ne pourrait pas collecter une information convenable en ne s'intéressant à la vie politique

que quelques jours ou même quelques semaines avant de mettre son bulletin dans l'urne. Par conséquent, la démocratie représentative est, de fait, participative en continu sur les terrains de l'information, de la réflexion et sans doute du débat entre citoyens.

De plus, la démocratie représentative requiert la bonne qualité de l'information fournie aux électeurs, ce qui veut dire sincérité des élus pendant qu'ils sont au pouvoir et des candidats pendant la campagne électorale, tous pouvant s'exprimer au moyen de médias sérieux et pluralistes.

On voit bien qu'il y a encore du chemin à parcourir pour simplement opérationnaliser et concrétiser les espoirs que la démocratie représentative a fait naître dans les siècles passés. Ce qui n'empêche que, parallèlement, d'autres progrès soient possibles, souhaités par des citoyens devenus de plus en plus instruits et disponibles ; d'où le mouvement actuel, tout à fait légitime, en faveur d'une démocratie plus et mieux participative que ne l'était et l'est la démocratie représentative. Encore faut-il partir dans la bonne direction.

LE MAUVAIS DEPART DE LA DÉMOCRATIE PARTICIPATIVE

Au nom de la participation nous avons vu fleurir, ces dernières décennies, une impressionnante quantité de procédés ou dispositifs participatifs. Cette inventivité a deux caractéristiques principales :
- elle est le fait d'élus (et non d'habitants) qui y investissent de leur temps et de l'argent public ; c'est quelque peu paradoxal, puisque l'on se serait attendu à ce que ce soit les citoyens qui luttent pour obtenir des élus qu'ils entrouvrent les portes de leurs cénacles. Il faudra quelque jour creuser ce paradoxe.
- elle consiste essentiellement à nous fabriquer des représentants : les conseils ou aréopages consultatifs de toutes sortes, les jurys citoyens, les sondages, les conférences de consensus, les groupes focus, etc. ont en effet comme point commun de produire une parole censée être la nôtre, à nous citoyens.

Cette effervescence d'élus qui, étant déjà nos représentants, ont recours à tous ces dispositifs censément participatifs, mais en réalité représentatifs, a certainement eu des bons côtés ; elle a pu

aider des élus à améliorer leurs prises de décisions et des habitants à s'informer et à s'exprimer. Mais notre exigence démocratique ne peut s'en satisfaire :
- s'il doit y avoir une politique menée spécialement en faveur de la participation démocratique (ce qui n'est pas démontré), elle ne peut certainement pas consister à faire parler un échantillon d'habitants ; elle doit nous viser tous ;
- il est irrationnel de multiplier, souvent à grand bruit et à grands frais, de fragmentaires dispositifs incitatifs au sein d'un système démocratique local qui est globalement dissuasif pour la participation civique. La priorité doit être de recenser tous ces obstacles **structurels** (c'est-à-dire venant de l'agencement des institutions et des pratiques de leurs acteurs) et de chercher à supprimer ces obstacles ou, au moins, à les rendre le moins nocifs possible.

Je voudrais, avant que les prochains chapitres entreprennent cette lourde tâche, montrer concrètement l'ambiguïté de la « démocratie représentative bis » en faisant une analyse du plus répandu de ses avatars, le Conseil de quartier, issu de la loi « Démocratie de proximité » de 2002.

LE MEILLEUR ET LE PIRE : LES CONSEILS DE QUARTIER

Pour parachever la distinction entre le représentatif et le participatif, je vais contraster, au besoin en forçant le trait, ce que peut être un Conseil de quartier sous un bon maire et sous un mauvais maire. Comme vous le savez, tout là-dessus dépend du maire puisque le législateur lui a donné carte blanche pour composer et faire fonctionner ces Conseils. Des parlementaires, notamment grenoblois, avaient obtenu des amendements au projet de loi ; en particulier, le maire aurait eu l'obligation de consulter les associations d'habitants avant de découper la ville en quartiers et d'instituer dans chacun d'eux un Conseil, mais la conférence paritaire Sénateurs/Députés a balayé ces amendements pour garantir qu'il n'y ait aucune entrave au pouvoir du maire.

Le mauvais maire place dans le Conseil de quartier ses fidèles, des gens de son camp, plus quelques personnes dont il est sûr qu'elles n'élèveront pas ou pas trop fort la voix contre lui. Il sélectionne quelques problèmes à lui confier (pas trop importants car, même bien intentionné, le Conseil de quartier pourrait lui faire perdre du temps) et, par la suite, il viendra écouter le Conseil chipoter sur quelques détails de ses projets mais, globalement, en chanter les louanges et les estampiller « vu et approuvé ».

Point n'est besoin d'une longue analyse pour établir qu'un tel Conseil de quartier n'a vraiment rien de participatif : que le maire ait réuni là ses sympathisants n'a absolument rien changé à la participation de l'ensemble de ses concitoyens à la vie démocratique locale. Au contraire, ses manœuvres peuvent être dénoncées comme étant finalement anti-participatives :

- une parodie de concertation éloigne encore un peu plus les citoyens de toute envie de s'impliquer dans la vie de la collectivité territoriale, car ils n'ont aucune envie d'y être bernés
- le mauvais maire va se servir du Conseil de quartier pour couper l'herbe sous le pied des personnes ou associations qui pourraient, à leur manière, essayer d'organiser une certaine participation : elles voulaient débattre d'un de ses projets ? il les désarçonne, les neutralise en faisant donner de la voix à « son » Conseil de quartier
- enfin, en jouant de l'homophonie entre Comités de quartier (associations loi de 1901, créées et fonctionnant de manière indépendante) et Conseils de quartier (organismes para municipaux contrôlés par lui), il sème la confusion et décourage définitivement la participation des citoyens non avertis ou allergiques aux petites guerres de voisinage.

Mais l'analyse doit aller encore plus loin et condamner le mauvais maire pour atteinte à la démocratie représentative. Celle-ci est, en effet, bafouée parce qu'il a truqué et saboté le processus d'information et de débat des électeurs. On voit bien, dans ces conditions, que le Conseil de quartier, imposé par la loi de 2002, peut être la pire des choses, tant du point de vue participatif que du point de vue représentatif.

Pourtant, avec un bon maire, un Conseil de quartier peut être la meilleure des choses. Par son entremise, le maire va non seulement fournir et mieux diffuser une information candide et pertinente sur les principaux problèmes de la cité, mais aussi donner les moyens à ses concitoyens d'en débattre avec lui à armes égales, éventuellement avec l'aide d'experts extérieurs. Après un certain rodage, le Conseil de quartier sera même en mesure d'intervenir très en amont, dans l'expression des besoins et l'élaboration de réponses alternatives susceptibles d'y être apportées.

Enfin, le Conseil de quartier du bon maire est l'inlassable sergent recruteur de la démocratie participative ; il s'ingénie à atteindre tous les coins de son quartier, toutes les catégories de ses habitants, et à montrer par son action que les affaires publiques sont non seulement connaissables par tous, mais source de formation et épanouissement personnel, source aussi de dialogue enrichissant et d'estime entre concitoyens.

L'éducation civique qu'il prodigue à partir du traitement de problèmes de la vie quotidienne inclut l'acceptation des différences, du compromis et, parfois, de la défaite selon les règles de la démocratie ; elle inclut aussi la perception, depuis un petit morceau de ville, des plus larges contextes, locaux, nationaux et internationaux, dans lesquels se situent et souvent se déterminent des questions que l'on croyait simplement « de proximité » ; enfin, elle se heurte, un jour ou l'autre, aux obstacles structurels qui empêchent élus et électeurs de prendre en main la réorganisation de leurs collectivités territoriales et les responsabilités, juridiques et financières, qui sont indissociables de la démocratie – et alors tous ne peuvent manquer de rêver qu'on se saisisse, un jour, quelque part, de leurs aspirations réformatrices et qu'on leur trouve un débouché.

CHAPITRE 2 - DÉMOCRATISER D'ABORD

Marion Paoletti [13]

Un bilan des pratiques participatives doit se demander si elles affectent le processus classique de décision au niveau local ; et il serait sans doute exagéré de prétendre que rien n'a changé depuis la réforme de la décentralisation et que le système politique se reproduit à l'identique quels que soient les discours valorisant l'implication des citoyens. La rhétorique participative, cycliquement portée sur le devant de la scène, s'est incarnée depuis le début des années 1990 dans une série de dispositifs législatifs concernant des domaines toujours plus nombreux. Et, au plan local, des dispositifs concrets, variés, sont expérimentés durant chaque mandature. L'appel à la participation des habitants devient une norme de l'action publique contemporaine [14].

Pour autant, au regard du caractère ancien et cyclique de la mise en avant de la participation des habitants, les effets sur le système politique demeurent marginaux : nous restons dans le cadre d'une démocratie à la fois représentative et présidentialiste au sein de laquelle la phase de participation des habitants et la prise de décision finale demeurent, dans les têtes, dans les textes et dans les faits, largement déconnectées. Dans les années 70, la thématique de la participation des habitants était au plus haut, portée à gauche par les autogestionnaires et à droite par les giscardiens. Mais, dans les années 1980, alors que se précise la réforme institutionnelle de la décentralisation, cette thématique a quasiment disparu. Puis elle opère un grand retour dans les années 90, portée par des élus locaux soucieux de faire face à la panne de l'action publique : il

---

[13] Maîtresse de conférences en sciences politiques à l'Université Montesquieu Bordeaux IV
[14] Loïc Blondiaux, *La délibération : norme de l'action publique ?* Projet, décembre 2002

s'agit d'être efficace dans les décisions publiques en y associant des citoyens en amont. Le dispositif législatif sur la participation locale enregistre ces nouvelles croyances qui, véhiculées par les théoriciens du management public, peuvent apparaître éloignées de la redéfinition des relations entre gouvernants et gouvernés que charriaient les ambitions autogestionnaires. Enfin, dans les années récentes, et même si elle est en partie concurrencée par le discours sur la proximité, la thématique participative fait l'objet d'un consensus à droite et à gauche, comme le signalent les campagnes électorales des municipales de 2001 et 2008.

On ne peut manquer d'être frappé par le caractère cyclique et routinier de l'appel à la participation des habitants, comme s'il faisait partie d'un décor local immuable et inchangé. Vingt-cinq années de politique de décentralisation semblent n'avoir modifié le cours des choses qu'à la marge. Les habitants enquêtés témoignent d'ailleurs à l'égard des dispositifs participatifs proposés, principalement par les municipalités, d'un grand scepticisme. Les conseils, comités, réunions suscitent d'abord un réflexe de défiance et une suspicion de manipulation[15].

Sans doute faut-il chercher les raisons de ce scepticisme dans les silences de la décentralisation, les non-réformes qui rendent peu crédible l'appel à la participation des habitants, le sacro-saint statu quo. Comment les lieux de décision que sont supposés être les collectivités locales pourraient-ils efficacement associer des citoyens alors que, d'une part, les décisions se prennent souvent ailleurs et à quelques-uns et que ces institutions représentatives sont peu habituées, d'autre part, à la collégialité et à la discussion ? Les possibilités de participation des habitants au plan local dépendent principalement de changements à apporter dans l'organisation des collectivités locales et d'une transformation de la démocratie représentative locale. Les carences de la démocratie représentative locale, même si elles ne doivent pas faire oublier les progrès accomplis depuis 1982 et la première loi de décentralisation, éclairent les faux-semblants de la démocratie

---

[15] Sandrine Rui, *La démocratie en débat. Les citoyens face à l'action publique*. Paris : Armand Colin, 2004

participative locale[16]. Pour que la participation des habitants change la donne, sans doute faudra-t-il des institutions représentatives fortes, capables de redéfinir leurs relations avec les habitants.

Les possibilités de démocratisation des institutions locales sont elles-mêmes tributaires d'un changement qui a pour lui la force de l'évidence, mais se heurte depuis des années maintenant au corporatisme le plus étroit. « La décentralisation est faite par les élus locaux pour les élus locaux » proclamait Patrick Devedjian, alors ministre des Libertés locales, au Sénat, pour lancer la révision constitutionnelle de 2003. Cette phrase a le mérite de décrire sans faux-semblant la réalité. Le corporatisme des élus est puissant dans notre république et puissamment à l'œuvre depuis le début de la décentralisation. Les incohérences, les coûts et la complexité de la décentralisation ne lui sont pas étrangers, comme les silences persistants en matière de démocratisation locale. Le Sénat et l'Assemblée nationale sont composés d'élus locaux ; et les associations corporatistes d'élus locaux sont les groupes d'intérêt les plus aptes en France à donner force de loi à leurs revendications. Oui, « la décentralisation est faite par les élus locaux pour les élus locaux » : les pouvoirs sont centrés sur eux, cet avantage acquis les rassemble. Peu importe ensuite qu'ils ne soient pas d'accord entre eux, défendant qui la commune, qui l'intercommunalité, qui le département, qui la région. Au final, la décentralisation est anarchique et coûteuse dans la distribution du pouvoir et des compétences : la France des collectivités locales est, en effet, un système féodal structuré comme un mille-feuille de fiefs opaques où le pouvoir s'exerce au plus grand profit d'une corporation d'élus cumulant. Ce n'est pas une fatalité : la décentralisation pourrait être faite par des parlementaires, pour des citoyens, et animée par des élus locaux.

Si le préalable du mandat unique à l'Assemblée Nationale était acquis, des réformes simples, évidentes, deviendraient possibles pour rendre davantage conformes aux standards démocratiques les institutions locales et crédible l'appel à la participation des habitants de la part des élus locaux.

---

[16] Marion Paoletti, *Décentraliser, d'accord. Démocratiser, d'abord.* Paris : La découverte, 2007

TIMIDES PROGRES EN DEMOCRATIE REPRESENTATIVE

La démocratie locale est strictement élective. L'article 72 de la Constitution est clair : les collectivités locales « s'administrent librement par des conseils élus ». Dans le cadre bien fixé de cette démocratie représentative, quelques réformes institutionnelles sont venues démocratiser la représentation locale depuis 1982.

Des élus locaux davantage à l'image de la société ?

Selon le principe de la démocratie représentative, les élus prétendent représenter l'ensemble des citoyens. Or l'univers social des élus locaux est bien éloigné de la population dans son ensemble, en particulier à partir des communes de plus de 3 500 habitants. Certes, la représentativité sociale des élus locaux n'est pas directement l'objet des réformes de la décentralisation. Néanmoins, cette réforme censée rapprocher le pouvoir des citoyens aurait pu élargir les bases sociales des élus locaux. Il n'en a rien été, car, à promouvoir un monde de complexité et de professionnalisme, la décentralisation a surtout fait de l'exercice des responsabilités locales une affaire de cadres et de professions libérales, comme le montre Michel Koebel qui s'est efforcé de dresser un bilan synthétique de la sociologie des élus locaux[17].

L'univers communal est d'abord marqué par la diversité : 28 000 communes ont moins de 1 000 habitants et plus de 34 000 moins de 3500 ; un peu plus de 400 en ont plus de 20 000 ; et un peu plus d'une centaine plus de 50 000. C'est dire qu'on aurait tort de confondre l'élite des maires, ceux qui sont à la tête des grandes agglomérations et disposent de plusieurs mandats, avec la grande masse des maires. Ainsi, pour les maires élus en 2001, si la catégorie « cadres et professions intellectuelles supérieures » représente 15,5 % des maires de communes de moins de 3 500 habitants, elle représente 44,5 % des maires des communes plus grandes. Quant à la catégorie « agriculteurs exploitants », elle fournit 21,3 % des maires des communes de moins de 3 500 habitants et 1,8 % des autres.

---

[17] Michel Koebel, *Le pouvoir local ou la démocratie improbable*. Bellecombe-en-Bauges : Editions du croquant, 2006

Toutefois, et quelle que soit la taille des communes, le processus électif apparaît bien comme un processus élitiste : ainsi les cadres supérieurs sont trois fois plus représentés chez les maires que dans la population, alors que les ouvriers le sont dix fois moins (seuls 1,5 % des maires sont des ouvriers). Si les agriculteurs conservent un poids important, en vingt ans leur place s'est réduite de moitié parmi les maires (même si certains sont présents dans la catégorie « retraités »). Une autre évolution importante est, justement, la place prise par les retraités. Ils atteignent désormais presque le seuil de 30 % des maires.

Certes, les maires tentent, en recrutant des colistiers, de mieux représenter la diversité de leur commune. Mais cette composition, d'abord symbolique, ne correspond pas vraiment à une distribution réelle du pouvoir politique. Si l'on porte le regard vers les autres mandats locaux, ce constat des distorsions dans la représentativité des représentants locaux peut être dupliqué. Toutefois, la progression des catégories « employés » et « professions intermédiaires » mais aussi « sans profession » au sein des conseils régionaux est assez nette ; elle n'est pas sans rapport avec la féminisation de ces assemblées.

L'entrée des oppositions dans les assemblées locales : un pluralisme insuffisant

Des progrès non négligeables ont été accomplis depuis 1982 par la modification des modes de scrutin, tant au niveau des communes de plus de 3 500 habitants que des régions, permettant l'existence et la structuration des oppositions politiques au sein de ces assemblées.

Le changement du mode de scrutin municipal a notamment permis dès 1982 l'entrée des oppositions dans les conseils municipaux des communes de plus de 3 500 habitants. Auparavant, la liste qui arrivait en tête remportait tous les sièges. Ce mode de scrutin de liste majoritaire peut être considéré comme typique d'une mentalité autoritaire, car il annihile toute possibilité d'existence pour les oppositions ; il demeure aujourd'hui en vigueur pour les communes de moins de 3 500 habitants, sa logique autoritaire étant atténuée par la possibilité de panachage. Dans la réforme de la décentralisation, le seuil de 3 500 habitants est régulièrement retenu pour traiter à part le cas des communes rurales, en les exemptant le plus souvent des mesures de démocratisation appliquées aux autres communes, comme si la démocratie s'y épanouissait « naturellement ». Or, la « proximité » n'est pas exempte de paternalisme et d'autoritarisme dans les communes de petite taille ; et l'optimisme radical à leur propos, véhiculé en particulier par le Sénat, empêche régulièrement d'organiser le pluralisme en leur sein.

La définition du mode de scrutin régional connaît depuis 1982 des tâtonnements qui aboutissent aujourd'hui à bipolariser le scrutin régional et à limiter les possibilités de représentation des différentes sensibilités politiques. Depuis 2003, un compromis a permis de régionaliser en partie le scrutin : les listes sont régionales avec une tête de liste régionale et des sections départementales. Au motif, relativement incantatoire, de rendre les conseils régionaux gouvernables, le mode de scrutin régional a été partiellement « municipalisé ». Une première fois en 1999, avec la mise en place d'un scrutin à deux tours, avec une nette prime majoritaire comme pour le modèle municipal. Une deuxième fois en 2003, afin d'exclure du second tour toutes les listes qui n'auraient pas atteint 10 % des suffrages exprimés. Aujourd'hui, une liste arrivant en tête avec plus de 35% des suffrages exprimés au second tour est assurée de contrôler plus de la moitié des sièges, et les petits partis politiques qui avaient, à des degrés divers, perturbé le jeu politique régional depuis 1986 n'ont plus cette possibilité.

Rien de changé, en revanche, dans l'archaïsme cantonal. Les conseillers généraux sont élus au scrutin majoritaire à deux tours, dans le cadre du canton, favorisant une bipolarisation assez peu représentative de la diversité politique des Français. La sur-représentation des cantons ruraux au détriment des cantons urbains persiste. Les conseillers généraux se font les défenseurs de leur canton, au détriment d'un hypothétique intérêt départemental qui peine à émerger dans les Conseils généraux. Le Sénat veille au maintien d'un statu quo tout à fait insatisfaisant.

Partout, l'infériorisation numérique des oppositions est d'autant plus problématique que leur font défaut les moyens efficaces de contrôle et d'interpellation de l'équipe majoritaire qui sont normalement ceux des oppositions dans un régime parlementaire ou présidentiel. Pourtant, quelques progrès ont été enregistrés en la matière. La loi du 6 février 1992, par exemple, dote les oppositions de quelques moyens, notamment matériels. Elle pose un principe : « Tout conseiller municipal a le droit d'être informé des affaires de sa commune. ». Qu'une telle évidence, saluée à l'époque comme un progrès de la démocratie locale, soit inscrite à la fin du XXe siècle dans la loi donne une idée de la pratique du pouvoir au sein des collectivités locales. La loi du 27 février 2002 confère des moyens un peu plus substantiels aux oppositions, mais toujours limités au regard de ce qu'ils devraient être. Faut-il ricaner parce que les oppositions ont dorénavant le droit de poser des questions orales à la majorité, sans que celle-ci n'ait d'obligation de réponse ? Peut-être pas. Cela donne l'occasion aux oppositions de rendre publiques leurs positions dans des débats susceptibles d'être retranscrits par la presse. Ces mesures peuvent-elles limiter la propension naturelle des détenteurs d'un exécutif à l'autoritarisme et à l'excessive personnalisation du pouvoir ? C'est peu sûr.

D'un côté, l'entrée des oppositions dans les conseils municipaux semble avoir renforcé la tendance à décider à quelques-uns, au sein d'opaques cabinets, et à n'envisager la discussion devant l'assemblée municipale que comme une simple formalité. D'un autre côté, les conseillers d'opposition, ayant enfin accès aux dossiers, découvriront nombre d'anomalies qui certes alimenteront la chronique des affaires, mais produiront aussi sans doute des effets vertueux.

Une information accessible à défaut d'être lisible

Les lois de décentralisation depuis 1982 ont consolidé le principe de la publicité des actes administratifs comme de leur accessibilité aux administrés. Ces principes d'information et d'accès aux documents administratifs relèvent d'un mouvement antérieur, affirmé à la fin des années 1970 ; par la suite, la plupart des étapes de la réforme décentralisatrice insistent sur cette publicité des actes pris par les collectivités locales et affirment leur nécessaire mise à disposition du public. Par exemple, les documents budgétaires doivent être assortis de données synthétiques sur la situation financière des collectivités locales, portant sur l'exercice en cours et sur les deux exercices précédents, ainsi que des éléments de comparaison relatifs aux collectivités d'importance démographique comparable et portant sur le dernier exercice connu. Ce n'est pas pour autant que l'information financière des collectivités locales est lisible. Est-il normal que la seule source lisible et exhaustive soit celle que l'État propose à travers le ministère des Finances et la Direction générale des collectivités locales? Les collectivités locales ne pourraient-elles pas faire un effort de communication sur leurs finances ?

La masse des informations fournies ne garantit pas sa pertinence et son intérêt. Au contraire, on s'y noie sans qu'aucun élément saillant ne surgisse et une telle masse absconse n'intéresse pas les citoyens, peu demandeurs. Prôner la « transparence » dans l'abstrait, mettre à disposition une foule d'actes administratifs ne garantit ni la lisibilité, ni la sincérité et fournit peu de moyens de comparer les choix effectués et les politiques publiques menées par une collectivité locale. Ce dont nous avons besoin, c'est bien d'une évaluation fiable et indépendante, accessible et lisible, de politiques publiques locales souvent concurrentes et parfois désordonnées.

Précieuse Chambre régionale des comptes

La réforme de la décentralisation a mis en place un contrôle budgétaire, financier et comptable des collectivités locales et de leurs établissements publics exercé par des institutions indépendantes, constituées de magistrats spécialisés et géographiquement proches des collectivités contrôlées. Les Chambres régionales des comptes sont en quelque sorte des miniatures ou des reproductions régionales de la Cour des comptes. Après leur mise en place en 1982, des épisodes législatifs successifs, en 1988, 1990, 1993 et 1995, sont venus accroître les pouvoirs des Chambres régionales des comptes, leurs capacités d'investigation.

En tant que juge a posteriori des comptes des collectivités territoriales, elles exercent une fonction juridictionnelle. Près de 41 000 comptes relèvent de leurs compétences. Le délai moyen de jugement des comptes est de quatre ans. Le paiement irrégulier de dépenses reste la première cause de mise en jeu de la responsabilité, particulièrement s'agissant des dépenses de personnel. Les chambres produisent alors des jugements sur les comptes qui peuvent faire l'objet d'un appel devant la Cour des comptes.

Par ailleurs, dans leur activité de contrôle des actes budgétaires, les Chambres régionales des comptes doivent être saisies par le préfet (plus rarement le comptable public) pour émettre des avis. Elles ne peuvent s'autosaisir en ce domaine. Quand le budget de la collectivité publique n'est pas voté dans les délais ou qu'il est voté en déséquilibre, quand le compte administratif est en déficit ou encore quand une dépense obligatoire ne figure pas au budget, l'autorité administrative saisit la Chambre régionale des comptes qui formule, par un avis public, des propositions de modification.

Enfin, de manière libre, les Chambres régionales des comptes peuvent examiner la gestion des collectivités territoriale, c'est-à-dire de l'« emploi régulier des crédits, fonds et valeurs », en présentant aux collectivités territoriales des « observations sur leur gestion ». En 2004, elles ont rendu 686 rapports d'observations définitives. Au vu de certaines propositions de loi, d'une enquête menée par l'AMF (Association des maires de France) auprès des maires, du dépôt de certains amendements ou encore d'un rapport de la Commission des finances du Sénat sur les Chambres régionales des comptes, c'est cette dernière activité qui semble la moins acceptée par le monde des élus locaux.

Nombre d'élus locaux déplorent surtout la médiatisation, jugée excessive, des observations provisoires que les Chambres régionales des comptes peuvent être amenées à formuler sur la gestion des collectivités locales. Cette publicité jetterait l'opprobre sur l'ensemble des élus locaux, alors même que la quasi-totalité des collectivités locales sont gérées de manière régulière. La Commission des finances du Sénat notait même que cette médiatisation contribuerait à « alimenter les fantasmes des mouvements extrémistes qui se nourrissent, par amalgame, des éventuels dysfonctionnements de la gestion locale et, de manière plus générale, des incidents de parcours de la démocratie représentative, pour tenter de déstabiliser notre système politique » !

Les velléités d'imposer le secret et de limiter le contrôle des Chambres régionales des comptes sont bien évidemment dommageables pour l'ensemble des citoyens et doivent être combattues. Que les travaux des Chambres régionales et leur caractère public puissent exercer une forme de pression sur les élus, chacun en convient. De là à considérer ces effets comme négatifs, il y a un pas qu'il ne faut pas franchir.

Un statut pour les élus : la voie inachevée d'une bonne spécialisation politique

La décentralisation a suscité la mise en forme d'un statut de l'élu local, sans doute incomplet et injuste, mais réel. L'idée reçue selon laquelle « le statut de l'élu n'existe pas » est fausse, notamment par contraste avec d'autres démocraties locales européennes ou par contraste avec l'inexistence d'un statut du militant associatif. Certaines dispositions des lois du 6 février 1992 et du 27 février 2002 cherchent à concilier le mandat local et l'exercice d'une activité professionnelle, à améliorer les conditions matérielles d'exercice du mandat, à offrir des garanties à l'issue de celui-ci, et à permettre aux élus de recevoir une formation. Bien souvent, l'évocation du statut de l'élu suscite d'abord les railleries pour les deux travers qui seraient les siens : la fonctionnarisation et la professionnalisation de la politique.

La professionnalisation politique, phénomène majeur qui ne cesse de s'accentuer dans nos démocraties représentatives, constitue un enjeu décisif pour les citoyens. À la suite de Max Weber, on appelle « professionnels de la politique » ceux qui vivent pour et de la politique. Historiquement, cette professionnalisation accompagne la démocratisation. Jusqu'à la fin du XIXème siècle, les dirigeants politiques sont souvent issus du milieu des notables. Ils n'ont pas besoin de la politique pour vivre et leur rang social commande bien d'autres occupations que la seule politique. L'activité politique professionnelle apparaît progressivement avec les premiers partis politiques, l'ascension dans la vie publique d'hommes moins fortunés, en particulier dans le mouvement ouvrier, l'instauration d'indemnités versées aux élus. Liée au départ à un mouvement d'élargissement de la démocratie représentative, la professionnalisation politique, qui n'a eu de cesse de s'accentuer, est devenue dysfonctionnelle. Elle aboutit à une rétractation de la vie politique sur les enjeux électoraux et à un resserrement de la démocratie représentative. La politique est devenue une activité spécialisée, permanente, rémunérée, qui concerne un petit milieu engagé dans cette carrière particulière et qui a fini par développer ses propres intérêts, distincts de ceux des représentés. Il y a désormais des spécialistes des affaires politiques et par conséquent des non-spécialistes, c'est-à-dire tous les autres, les citoyens. Cette professionnalisation n'a pas cessé de s'élargir ; elle touche désormais des métiers périphériques : spécialistes des sondages, de la communication, du marketing politique, du « media training »...

Globalement, la décentralisation a accentué la professionnalisation politique par sa technicité et la progression des métiers de la politique locale. Les partis de gouvernement sont devenus globalement des partis d'élus et de salariés politiques. Jamais les partis politiques n'ont autant vécu de et pour les collectivités locales. La décentralisation a modifié le rapport à l'engagement politique, notamment par la multiplication des postes de salariés distribués par les collectivités locales et par les subventions qu'elles versent aux associations. La fonction publique territoriale se distingue de la fonction publique d'État par un fort taux de personnel non titulaire (presque le tiers des effectifs pour les personnels de catégorie A) ; elle s'en sépare aussi par le mode de recrutement : les attachés territoriaux en particulier doivent être recrutés personnellement par une collectivité locale, après leur réussite au concours. La décentralisation a eu d'importantes conséquences sur la professionnalisation à l'intérieur des partis politiques, elle s'inscrit ce faisant dans un mouvement plus général portant à une professionnalisation de la politique au sein des démocraties. Le cumul des mandats n'est pas le moindre facteur de cette professionnalisation.

Or, il faudrait garder de la professionnalisation le meilleur et rejeter le pire. Le pire : envisager d'abord l'exercice d'un mandat au prisme d'intérêts de carrière sans rapport avec le travail de représentation politique, rendre banal, légitime, voire nécessaire le cynisme en politique, consolider la déviation oligarchique de la démocratie. Le meilleur : pouvoir consacrer du temps à la politique, en vivre dès que le mandat l'exige, acquérir des compétences dans la gestion des affaires publiques afin d'assurer à la fois rotation et fiabilité dans l'exercice des mandats.

Le statut de l'élu, pour peu qu'il soit couplé à une rotation des mandats, offre un levier précieux pour trier le bon grain de l'ivraie de la professionnalisation politique. Les mesures adoptées depuis 1992 en faveur d'un statut de l'élu vont dans le bon sens. Un tel statut peut être un moyen d'élargir le nombre et la diversité de ceux qui exercent un mandat, comme il peut permettre une rotation des mandats : la politique ne serait plus alors une activité permanente structurant toute une vie, mais un moment au cours d'une vie.

Sans doute les garanties accordées aux élus locaux doivent-elles être complétées. Les droits à la reconversion en fin de mandat doivent être notamment mieux assurés pour diversifier le recrutement social des élus locaux. Il ne fait pas de doute que le statut de l'élu peut être perfectionné dans le sens d'une plus grande égalité entre fonctionnaires, salariés et travailleurs indépendants, d'une plus grande égalité entre élus, détenteurs ou non d'une fonction exécutive, appartenant ou non à la majorité et surtout d'une plus grande égalité entre élus ruraux et urbains. Certes, les droits à la garde des personnes dépendantes, à la formation, au temps libéré pour l'exercice des mandats doivent être consolidés, car, faute d'être mis en œuvre effectivement par les assemblées locales, ils restent parfois théoriques. Il faut notamment passer d'un droit à la formation à une obligation de formation ; et la formation en direction des élus locaux doit être moins fantaisiste et moins dispendieuse qu'elle ne l'est aujourd'hui. Toutefois, les nouveaux droits accordés ne pourront l'être sans contreparties, notamment l'assurance que les élus concernés consacrent du temps à faire vivre la participation, sont bien présents dans les lieux où ils doivent l'être et rendent des comptes régulièrement. La démocratie représentative est susceptible de retrouver du crédit pour autant que les représentants politiques se remettent au travail et donnent l'exemple de l'effort démocratique à accomplir. Aujourd'hui, les organismes et services administratifs, départementaux, régionaux ou nationaux, sont surreprésentés dans les multiples réunions de coordination qui permettent de définir les politiques locales, cela au détriment des représentants politiques. Bien souvent, les réunions de concertation avec les habitants sont considérées comme secondaires par les élus qui sont également les grands absents des forums municipaux, quand ils existent, sur Internet.

Surtout, il doit être mis fin urgemment à cette pratique inadmissible qu'est l'écrêtement. Le montant total des indemnités qu'un élu peut percevoir tous mandats confondus est plafonné à une fois et demie le montant de l'indemnité parlementaire de base (7 847,43 euros en 2004). Au-delà, contre toute attente, il ne reverse pas mécaniquement l'argent au Trésor public, mais peut choisir, dans l'assemblée locale de son choix, un ou plusieurs élus au(x)quel(s) il reverse personnellement le surplus d'indemnités. Une telle pratique, en faisant de l'élu le propriétaire des indemnités publiques, entretient des liens de dépendance personnelle entre « grands » et « petits » élus dans la logique bien comprise de la consolidation des fiefs locaux. Le vote de dispositions législatives sur le statut de l'élu a jusqu'à présent souvent été l'occasion de relever les indemnités versées aux élus locaux et/ou d'instituer des indemnités pour les nouveaux niveaux, notamment intercommunaux. Mais les discussions au Parlement sur le statut des élus locaux n'ont jamais remis en cause cette anomalie démocratique que constitue l'écrêtement.

CRIANTES CARENCES EN DEMOCRATIE REPRESENTATIVE

Ce serait mentir que de dire qu'il n'y a pas eu d'avancées dans l'organisation de la démocratie représentative depuis 1982 et la première loi de décentralisation : statut de l'élu, droits et représentation des oppositions, amélioration relative de la représentativité des élus locaux, mise à disposition de l'information, mise en place des chambres régionales des comptes apparaissent bien comme des acquis, pour timides et incomplets qu'ils soient. Mais le verre est bien à moitié vide : on multiplie les collectivités locales et les réseaux au risque d'affaiblir les institutions politiques élues ; le présidentialisme local apparaît aussi intouchable que l'emprise du Sénat sur la définition de la démocratie locale, au grand dam de la France contemporaine.

Depuis 1982, il y a bien trois oublis de taille, trois tabous majeurs, trois silences persistants qui affaiblissent l'idée même de démocratie représentative locale. La toute-puissance du patron de la collectivité locale sur « son » exécutif et « son » assemblée empêche les contrôles et nuit aux discussions au sein des collectivités locales. La multiplication des structures et la complexité du système local favorisent une déconnexion entre prise de décision politique et institutions élues au suffrage universel direct. Enfin, ce qu'on appelle la « démocratie locale » est bien trop tributaire des archaïsmes du Sénat qui figent les inégalités de représentation entre la France rurale et la France urbaine et plus généralement toute évolution de la démocratie locale.

Le présidentialisme local

La démocratie locale est représentative. Il y a élection, concurrence relativement égale et libre entre organisations politiques pour l'accession au pouvoir, et donc démocratie politique, au moins pour trois des quatre niveaux actuels de pouvoirs locaux : la commune, le département, la région. S'agissant de l'intercommunalité, l'élection au second degré empêche les électeurs de se prononcer clairement pour une équipe et un programme intercommunal. Pour autant, à l'intérieur de cette démocratie représentative, le pouvoir est concentré sur une personne unique (le maire, le président de Conseil général, le président de Conseil régional) : le patron de collectivité locale, le 'boss'. C'est d'un pouvoir fort qu'il s'agit, pas d'une démocratie forte.

Les assemblées délibérantes des collectivités territoriales sont élues au suffrage universel direct.. Les présidents des exécutifs locaux, le maire, le président du Conseil général et le président du Conseil régional sont désignés dans un second temps par ces assemblées. Dans la loi, l'exécutif local émane de l'assemblée locale : ni le maire, ni le président du Conseil général, ni le président du Conseil régional ne sont élus au suffrage universel direct. Sur le papier, les uns et les autres se trouvent dans une situation proche de celles des Présidents du conseil de la IIIe et de la IVe République. Pour autant, il est difficile d'imaginer un système plus éloigné du régime parlementaire que le système local.

La prédominance statutaire des assemblées délibérantes ne reflète en rien la réalité. De fait, les patrons des collectivités locales sont les seuls agents actifs des collectivités locales. Ils préparent, font voter, exécutent les délibérations de leur assemblée territoriale et assurent de surcroît, comme c'est le cas des maires, un certain nombre de fonctions pour le compte de l'État. Ce sont eux qui constituent leur gouvernement, c'est-à-dire l'exécutif local, qu'ils font valider ensuite par une assemblée docile. Cet exécutif n'est pas responsable devant l'assemblée, qui ne peut pas le renverser : ni la municipalité incluant le maire et les adjoints, ni la commission permanente instituée dans le département ne peuvent être renversés par leur assemblée délibérante. Les conseillers municipaux, départementaux, régionaux, sont dans un rapport de dépendance étroit au leader qui ne dépend pas d'eux, contrairement à l'économie de la loi.

Le président local, maire, président de département ou de région, est à la fois le chef de l'exécutif local et de l'assemblée « législative » locale. C'est de lui que tout dépend. Il n'y a aucune forme de séparation des pouvoirs entre exécutif et délibératif locaux, mais confusion des pouvoirs entre les mains d'une seule personne. En outre, par le jeu des délégations, le président peut recevoir de l'assemblée des pouvoirs étendus sans aucun contrôle. Compte tenu de la faiblesse des droits des assemblées, en particulier des oppositions, de la dépendance de la majorité à l'égard du leader, le « Président » est un homme - très rarement une femme - puissant, très faiblement contrôlé et qui s'appuie sur son cabinet personnel. Ils bénéficient d'un cumul de rôles, d'une concentration du pouvoir et d'une longévité politique qui ne les incitent guère à la transparence et au dialogue. Nombreux sont les élus de base, y compris au sein de la majorité elle-même, qui sont tenus à l'écart et passent une bonne partie de leur temps à « la pêche aux informations » ; la pratique du secret est courante, pour ne pas dire généralisée. Il en va de même, en bien pire, pour les citoyens et ce, d'autant plus que les complexités induites par la décentralisation renforcent la tentation de s'en remettre « à ceux qui ont été élus pour cela ».

Il ne faut sans doute pas exagérer la spécificité locale de la confusion des pouvoirs. Car, finalement, dans le cadre national, si les pouvoirs législatif et exécutif sont bien organiquement séparés, le Parlement ne peut être pensé comme une entité séparée de l'exécutif. La majorité parlementaire et l'exécutif qui en est issu constituent bien une structure institutionnelle, un bloc de pouvoir qui fait et exécute la loi, et dispose pleinement de la faculté de statuer. Au niveau national comme au niveau local, la question principale est d'imaginer des contre-pouvoirs, des institutions faisant la balance à l'égard du pouvoir de statuer et dans lesquelles la faculté d'empêcher pourrait se réaliser. Sans doute la question a encore plus d'acuité au niveau des collectivités locales où le pouvoir de proposer, de faire et d'exécuter est confondu en une seule et même personne.

La démocratie représentative locale ne connaît ni débats contradictoires dans des assemblées, ni contrôle et transparence conformément à une logique démocratique idéale. La démocratie représentative locale reproduit, en pire, les travers de la Vème République : présidentialisation, personnalisation, inféodation des assemblées, puissance de l'exécutif, faiblesse des contre-pouvoirs, absence de contrôle, montée en puissance des technostructures. Les lois de décentralisation ne s'attaquent jamais à ces anomalies démocratiques. Le refus de remettre en cause le présidentialisme local assorti à la faiblesse des contrôles porte sa part de responsabilité dans ces déviances. La décentralisation des pouvoirs de l'État sans ambition réformatrice de l'architecture institutionnelle locale a essentiellement provoqué un jacobinisme local, une forme de césarisme localisé, non pas le renouveau démocratique attendu.

La prolifération des structures et des réseaux

Le caractère féodal du pouvoir local est à la fois accentué et relativisé par la prolifération des niveaux locaux gérant des budgets de plus en plus importants. Il n'y a aucune clarté et donc peu de responsabilité. La carte administrative de la France, avec ses échelons superposés, la commune, la structure intercommunale, le département, la région, apparaît pour le moins baroque vue de l'étranger. Dans la plupart des États européens (Angleterre, Portugal, Pays-Bas, Danemark…), il existe deux niveaux d'administration locale, trois parfois (Grèce, Espagne, Italie, Belgique…), mais quatre en France. Les compétences, les financements sont croisés entre tous ces échelons, les chefs de file ont du mal à s'imposer. En France, nous rajoutons des structures sans en retirer, faute de pouvoir le faire.

L'intercommunalité connaît un essor considérable depuis les années 1990, en milieu rural comme en milieu urbain. Elle a profondément changé de nature dans les années 1990. Les lois de 1992 et de 1999 modifient la vieille intercommunalité, celle où les conseils municipaux s'associaient pour gérer ensemble des « tuyaux » et votaient chaque année une ligne budgétaire pour les financer : l'enlèvement des déchets, le transport scolaire, l'acheminement de l'eau, etc. Dorénavant, il s'agit d'une intercommunalité à fiscalité propre. Sur la feuille d'impôt du contribuable figure une ligne pour le financement de l'intercommunalité : les structures intercommunales ont un budget propre, énorme, le budget des communautés urbaines dépassant le plus souvent celui des départements et régions. Les communautés de communes de moins de 50 000 habitants, les communautés d'agglomération de moins de 500 000 habitants, les communautés urbaines au-delà sont des Établissements publics de coopération intercommunale (EPCI). Ils couvrent dorénavant tout le territoire national ou presque. Ils ont le pouvoir de décision concernant des domaines essentiels tels que les transports, la voirie, l'aménagement. Ils doivent concevoir des projets de développement pour des agglomérations composées des territoires contigus d'un certain nombre de communes.

Les conseils municipaux désignent en leur sein la poignée de conseillers municipaux qui représenteront les électeurs dans ces structures puissantes. Les conseils des EPCI sont donc élus au suffrage universel indirect. La faiblesse congénitale des assemblées locales caractérise particulièrement l'assemblée intercommunale. Tout se passe au sein de l'exécutif, à un troisième niveau de délégation. Ce n'est pas parce qu'une assemblée intercommunale est composée majoritairement d'une couleur politique que son président en est automatiquement issu. Les intercommunalités sont habituées aux tractations entre élus, qui constituent le principe même de leur mode de gouvernement. En 2001, alors que la majorité au sein de la communauté urbaine de Bordeaux est à gauche, c'est Alain Juppé qui en devient son président. L'essentiel des compétences, des moyens financiers, du leadership politique se joue dans les structures intercommunales. Mais ce mandat central ne compte pas : les EPCI ne sont pas des collectivités locales, ils ne sont pas désignés au suffrage universel direct. Ce mandat n'est donc pas pris en compte dans les lois venant limiter le cumul des mandats ou féminiser la représentation politique, mais il l'est en revanche dans les lois venant prévoir des indemnités pour les fonctions électives.

Le fait de s'habituer ainsi à ces graves entorses démocratiques, de les trouver normales à l'échelon local a un coût. Un coût proprement financier : la décentralisation, la superposition des structures, coûtent cher. L'intercommunalité s'avère foncièrement inflationniste : comme il n'y a pas de logique démocratique et fédérative, c'est le marchandage inflationniste entre communes qui prévaut. Chaque commune chasse ses subventions, rendant aléatoire l'idée d'un développement intercommunal. Le rapport de la Cour des comptes remis en novembre 2005 pointe les dérives de l'intercommunalité : « surcoûts », « opacité », « doublons », « compétences virtuelles », « faible mutualisation des moyens »... Les dépenses en fonctionnement des structures intercommunales ne cessent d'augmenter, alors que les budgets communaux ne diminuent pas. L'égoïsme des communes riches apparaît au grand jour dans leur refus de s'associer avec des communes pauvres, faisant voler en éclat encore une fois l'idée d'une solidarité non contrainte.

Au-delà de ce coût financier insupportable, alors même que la démocratie locale aurait besoin d'argent pour fonctionner dans un sens civique impliquant les citoyens, le coût démocratique de l'intercommunalité est rédhibitoire : à force de s'habituer à ce que les décisions soient prises loin des citoyens, dans des structures non élues directement et sans contrôle, on renforce la tendance du niveau local à décider en réseau, c'est-à-dire souvent entre grands notables, et on renforce la croyance chez les citoyens selon laquelle « la politique, c'est trop compliqué » ; « la politique, c'est une affaire de professionnels » ; « la politique ne nous regarde pas ». On renforce aussi un réflexe de défausse chez les élus municipaux prompts à déclarer devant les citoyens qui les interpellent que « ceci ne relève pas de la mairie, mais de l'intercommunalité », ces structures jouant de manière aussi commode que l'Europe un rôle de « bouc émissaire » des décisions impopulaires ou servant de la même manière de prétexte à l'inaction politique.

Le coût de la multiplication des structures s'évalue aussi en termes de cohérence des politiques publiques. Non seulement les collectivités locales se sont multipliées, mais les administrations étatiques au niveau local conservent des prérogatives centrales. Cette profusion des structures et cette incertitude des rôles suscitent d'autant plus difficilement de la cohérence dans la définition et la conduite des politiques publiques que manquent coordination et structures de coordination.

Actuellement, au niveau local, ce sont les réseaux de petits et moyens élus locaux cumulant des mandats dans plusieurs collectivités locales qui assurent l'articulation de l'ensemble sous le haut patronage de grands cumulants, ceux qu'Yves Mény appelle[18] les « baobabs ». Cette articulation se fait sur le mode de l'interconnaissance, du rendez-vous à quelques-uns, du marchandage. Loin de toute publicité et délibération. Le cumul des mandats, grand pourvoyeur de complexité locale, finit pour certains par se justifier par la complexité qu'il ne cesse de produire. Le serpent se mord la queue, et le système local se met à délirer. Les présidents locaux des multiples collectivités locales sont censés incarner le pouvoir politique local. Ils négocient avec des porte-parole d'autres institutions publiques, l'État et l'Europe. Ils traitent avec des grands groupes privés de services urbains, auxquels ils ont souvent remis des pans entiers de la gestion locale depuis la décentralisation. Ils sont tributaires de réseaux extérieurs et de décisions d'entreprises dont le capital et les moyens de production n'appartiennent plus à des propriétaires locaux. Ils consultent des groupes d'intérêts dont les représentants sont de leurs relations. Ces multiples acteurs publics et privés sont liés entre eux par une série de contrats et conventions qui constitue l'ossature de l'action publique locale. Les patrons de collectivité locale peuvent d'autant moins faire prévaloir une logique démocratique, une éventuelle volonté des populations, qu'ils se concurrencent entre eux et que grande est la faiblesse des institutions démocratiques sur lesquelles ils trônent. Cependant, ils veulent bien faire « participer » les citoyens. À quoi ?

Si la mode locale est à la valorisation des réseaux en tout genre et de la concertation tous azimuts, l'efficacité et la légitimité de l'action publique locale supposeraient que des institutions locales identifiées soient le lieu de confluence des influences et de l'arbitrage public, sauf à ce que la participation des habitants soit purement décorative, et plus relatif le poids des élus politiques.

---

[18] Yves Mény, *La corruption de la République*. Paris, Fayard, 1992

République agricole et verrouillage sénatorial

Lors de la réforme constitutionnelle de 2003, une coupable complaisance à l'égard du Sénat a conduit à lui conférer une priorité d'examen sur les projets de loi touchant à la décentralisation et à l'organisation des collectivités territoriales. Or, depuis le début du processus décentralisateur, le Sénat développe une attitude constante lors des discussions parlementaires sur la démocratie locale : il défend les collectivités locales les plus anciennes, communes et départements, au détriment des plus modernes, les agglomérations et les régions qui restent très faiblement représentées au Sénat, même avec le mécanisme du cumul des mandats. Il est structurellement le représentant d'une France rurale et perpétue les structures politiques de la IIIème République, alors qu'il ne reste que moins de 5% de la population hors des espaces urbains. Il résiste globalement à toute institutionnalisation de la participation des citoyens, au nom d'une démocratie locale « spontanée » et « vivante ». En particulier, avec une égale constance, le Sénat explique que les villages se tournent naturellement vers la démocratie. Et qu'ils n'ont pas à être concernés par les droits conférés aux oppositions, aux assemblées, aux citoyens. Le seuil de 3 500 habitants est toujours ou presque retenu pour faire échapper les villages aux mesures de démocratisation.

Les résistances sénatoriales à la démocratisation locale s'expliquent en grande partie par les modes de désignation et la sociologie des sénateurs[19]. Les 150 000 grands électeurs qui désignent les sénateurs sont prioritairement des maires ruraux. Les communes de moins de 500 habitants ont chacune droit à un délégué tandis que celles de plus de 30 000 habitants ont droit à un délégué supplémentaire par tranche de 1 000 habitants. Les petites et moyennes communes se taillent ainsi la part du lion. Les conseils municipaux des communes de moins de 500 habitants (qui abritent 7 % de la population) désignent 16 % des grands électeurs ; ceux des communes de 500 à 1 500 habitants (15 % de la population) 25 %. Seules les villes comprises entre 1 500 et

---

[19] Paul Alliès, *Le Sénat, une chambre anachronique*. Pouvoirs locaux, n°64, mars 2005

15 000 habitants sont à peu près équitablement représentées. Mais la France urbaine (plus de la moitié de la population vit dans des villes de plus de 190 000 habitants) ne dispose que de 30,8 % des délégués. Si l'on retient les départements comme base de la comparaison, l'inégalité est tout aussi criante : la Creuse a un sénateur pour 65 000 habitants alors que le Var en a un pour 271 000. Les départements les moins peuplés pèsent deux fois plus que les départements les plus peuplés. Plus de quarante départements, tous ruraux, sont ainsi surreprésentés depuis plus d'un siècle alors que la dizaine de départements les plus peuplés, les plus urbains et les plus riches sont restés quasi impuissants. Les lois du 16 juillet 1976 et du 30 juillet 2003 ont tenté de corriger ces distorsions en augmentant le nombre de sièges à pourvoir. En 2010, on passera de 331 à 346 sénateurs, ce qui se traduira par un plus grand nombre d'élections à la représentation proportionnelle. Trente départements élisant au moins quatre sénateurs, soit 180 sièges (52 % des sénateurs) pratiqueront ce mode de scrutin. L'extension de la proportionnelle est le moyen par lequel certains espèrent voir corriger les inégalités trop violentes. Mais le remède envisagé paraît bien insuffisant au regard du mal endémique qui caractérise la composition du Sénat.

Représentant d'abord les maires ruraux, le Sénat cherche invariablement à faire échapper les communes de moins de 3 500 habitants aux mesures de démocratisation. Et pourtant certaines expériences montrent que, loin des images rurales paternalistes que véhicule le Sénat, les villages peuvent être le lieu d'une reconquête politique ouverte et d'un espace public pluriel. En particulier, certains Conseils de développement, tels que la loi de juin 1999 les a mis en place dans les pays, témoignent de formes ouvertes de délibération en milieu rural, même si aujourd'hui l'incertitude caractérise l'avenir des pays. Immanquablement, certains élus ont formaté ces Conseils selon une logique contrôlée et fermée ; mais ailleurs des Conseils ont connu une implication forte en quantité et en qualité pour l'élaboration des chartes de pays, dans une logique ouverte et plurielle.

Enfin, la composition du Sénat rend incertain le redécoupage électoral qui donnerait sens à l'idée d'équité dans la représentation politique. Notre République agricole se caractérise par une densité démocratique extrême dans les campagnes et un vide démocratique de proximité dans de gigantesques cités. Il y a en France un conseiller municipal pour 23 électeurs dans les communes de moins de 500 habitants mais seulement un pour 13 205 électeurs à Paris ! Dans les villages, ce n'est peut-être pas un élu par famille, mais presque. La barre d'un élu pour 1000 habitants est franchie dans les communes de plus de 40 000 habitants. Si la taille moyenne d'un canton est de 9 900 inscrits sur les listes électorales, les plus petits cantons comptent moins de 1 000 électeurs et les plus importants 40 000.

Cet avantage relatif d'un maillage rural de la République n'a plus vraiment cours aujourd'hui. Chaque élection municipale réaffirme certes les territoires communaux ; puis, pendant six ans, les élus, grâce aux intercommunalités, aux parcs, aux multiples syndicats intercommunaux, échappent au territoire qui « fait élire ». Enfin, un an avant les élections municipales, la France se couvre de travaux « de proximité » et, commune par commune, chaque maire tente un retour vers son électorat à coups de trottoirs et de ronds-points. Ainsi, le territoire politique est complètement désorganisé. Les notables communaux sont devenus des notables intercommunaux mobiles. Mais le Sénat continue de freiner la démocratisation des instances intercommunales.

La responsabilité du Sénat n'est pas mince dans les retards pris dans la démocratisation locale. C'est aussi pour cette raison que la démocratisation locale doit s'envisager conjointement à une transformation du mode de désignation des deux chambres du Parlement.

En conclusion, le statu quo et les réformes impossibles en matière de démocratisation locale éclairent en partie les dimensions incantatoires et récurrentes de l'appel à la participation des habitants au plan local, sans qu'aucun progrès décisif, aucune redéfinition des relations gouvernants/gouvernés n'ait réellement eu lieu depuis 25 ans. Avec ses institutions trop nombreuses, présidentialistes, et son système de décision à quelques-uns uns, la démocratie représentative locale n'est guère favorable à la participation des habitants qu'elle prétend solliciter.

Les possibilités de changement sont à l'heure actuelle limitées : Prenant acte, avant même l'adoption de la réforme constitutionnelle par le Congrès, en juillet 2008, du silence de celle-ci sur les institutions locales, Nicolas Sarkozy annonçait une autre réforme à venir, en 2009, concernant cette fois les « *communes, communautés de communes, départements et régions* ». L'article 1 de la Constitution a beau proclamer depuis 2003 que l'organisation de la République est décentralisée, le constat de la désorganisation de cette « organisation décentralisée » a beau revêtir la force de l'évidence, nulle transformation de la décentralisation et de la démocratie locale n'a été actée au cours de cette réforme prétendant « *rendre irréprochable la démocratie* ». C'est que cette même réforme n'a pas non plus traité la question du cumul des mandats. Un temps ouverte par la Commission Balladur mais vite refermée par le Président de la République, elle a été singulièrement traitée, comme si la disposition nouvelle de l'article 6 de la Constitution à propos du Président de la République suffisait à la régler (« Nul ne peut exercer plus de deux mandats consécutifs »). Même le principe du non cumul d'un poste ministériel avec la responsabilité d'un exécutif local, qui semblait pourtant envisageable à l'issue des travaux de la Commission Balladur et de la lettre de mission de Nicolas Sarkozy, a été rejeté par les députés alors même qu'un tel amendement avait été adopté en Commission des lois. La pratique du cumul des mandats, qui avait semblé émerger comme un enjeu lors de la campagne présidentielle, n'a connu qu'une faible baisse. Après les élections locales et sénatoriales de 2008, seuls 76 députés (soit 13,1%) et 88 sénateurs (25,7%) n'exercent que ce seul mandat[20].

Dès lors, la méthode choisie pour réformer le système politique local, après la nomination d'une nouvelle commission présidée par Édouard Balladur, suscite plutôt la méfiance du monde des élus locaux, dont les associations corporatistes multiplient préventivement les avis et recommandations : va-t-on vers une réforme autoritaire, descendante, imposant des choix que le Parlement a bien été en peine d'opérer depuis plus de vingt-cinq ans ? Une telle voie est-elle possible et souhaitable ? Ou bien va-t-

---

[20] http:www.obscure.fr

on assister à un énième marchandage entre les différentes catégories d'élus locaux, en dehors de l'enceinte parlementaire, aboutissant à un compromis rendant toujours plus complexe l'imbrication des niveaux et des compétences ? Le comité « pour la réforme des collectivités territoriales », installée le 22 octobre 2008, a pour tâche de « *clarifier les compétences et identifier les responsabilités des collectivités locales pour mieux maîtriser les dépenses* ». Il est probable que les contraintes budgétaires serviront principalement de justification à la simplification recherchée, au risque que la nécessaire démocratisation des institutions locales ne soit pas traitée.

Chapitre 3 - Mise en perspective de la démocratie participative

Georges Gontcharoff[21]

Les deux démocraties participatives

Il faut d'abord s'entendre sur ce que l'on appelle « la démocratie participative » en général, et celle de quartier en particulier. Nous avons maintenant l'habitude de distinguer deux mouvements, plus complémentaires que contradictoires.

Par « la démocratie participative descendante », les élus démocrates bien intentionnés proposent aux citoyens d'entrer dans des structures et des processus de participation qu'ils ont conçus et cadrés pour eux. Le conseil municipal découpe la ville, adopte le règlement intérieur des conseils, décide des fonctions qu'il lui assigne, des moyens qu'il lui octroie. Les citoyens répondent, avec plus ou moins d'empressement à cette offre de participation. On mesure les limites d'instances qui risquent toujours d'être institutionnalisées et instrumentalisées. Mais, dans certaines villes, ce système peut fonctionner avec une certaine efficacité, aussi bien du point de vue du management urbain que de l'expression démocratique.

Les instances participatives « officielles » sont généralement dotées d'une double fonction : la saisine et l'auto-saisine. Par la première, l'autorité locale demande un avis motivé, issu de

---

[21] *Les* réflexions qui suivent s'appuient sur mon activité au sein de l'Association pour la Démocratie et l'Education Locale et Sociale (ADELS) depuis bientôt cinquante ans ainsi que sur des études concernant les conseils de quartier auxquelles j'ai participé dans plus de cinquante villes. Plus récemment, il m'a été donné d'observer les instances de participation dans 26 territoires en développement, pays, agglomérations et de participer à l'Observatoire Parisien de la Démocratie Locale, instance créée par Bertrand Delanoë et qui évalue, en particulier, le fonctionnement des 123 conseils de quartier de la capital.

l'expertise et de l'opinion des citoyens. Par la seconde, les citoyens se saisissent librement d'une question qui les concerne et que le pouvoir ne leur a pas forcément posée. Dans les deux cas, il est essentiel d'observer ce que devient l'expression des citoyens, en quoi elle est écoutée, comprise, par les décideurs, en quoi elle influence, ou non, la décision.

Les avis peuvent rester lettre morte. Les voeux peuvent rester sans réponse. Les citoyens se découragent et désertent peu à peu les instances quand ils estiment que leur travail ne sert à rien ou à pas grand chose. Au contraire, les citoyens continuent de se mobiliser quand ils constatent que leur travail n'a pas été inutile et qu'il a influencé la décision. Les politiques locales de communication font rarement état de ce jeu essentiel entre les élus et la société civile qui met pourtant en scène l'efficacité de la démocratie participative.

Par « la démocratie participative ascendante », des groupes de citoyens se mobilisent, généralement contre un projet d'équipement, d'aménagement qu'ils récusent, avant de devenir, parfois, une force de proposition, capable de bâtir un contre-projet. Ils créent une instance (associative ou informelle) qui anime un mouvement social, qui tente de faire pression sur les décideurs, qui cherche à se faire reconnaître (et financer) par la collectivité locale. Beaucoup de ces mouvements sont éphémères. Quelques uns deviennent pérennes. Ils représentent une demande de participation de la part des citoyens. Ils ne sont jamais faciles à gérer pour les élus. Mais ils constituent la deuxième forme, indispensable, spontanée, brouillonne de la démocratie participative.

L'histoire démocratique des villes est le plus souvent formée du croisement des deux mouvements. On ne peut pas se contenter de décrire les instances créées et souvent contrôlées par le pouvoir. On le peut d'autant moins que ce livre vise à les relativiser, à les repositionner en « second choix » par rapport à la priorité qui est de s'en prendre aux blocages structurels à la participation.

L'AVENIR DE LA PARTICIPATION

Tous les chercheurs, et ils sont nombreux, se demandent : « qui participe et qui ne participe pas ? », dans une approche à la fois quantitative et qualitative qui cherche à préciser « les bases sociales de la participation ».

Ils concluent, en gros, avec bien des exceptions, que la participation citoyenne est l'affaire de 3 à 4 % de la population avec une surreprésentation des jeunes retraités, des couches moyennes « intellectuelles », et une sous-représentation des jeunes, des couches populaires, des exclus de la société qui sont aussi des exclus de la participation. Le « désenchantement de la participation » que nous avons déjà évoqué entraîne une grande difficulté à fidéliser les citoyens participatifs et un turnover inquiétant.

Où se trouve aujourd'hui « le vivier des citoyens participatifs de demain », avec l'effondrement des mouvements de jeunesse et la crise de l'éducation populaire ? Quels sont les efforts locaux qui peuvent être initiés (y compris par les élus) pour construire « une pédagogie de la participation », élargir et fidéliser le cercle des citoyens qui participent ? Sinon, nos instances de quartier risquent d'être frappées par la gérontocratie.

LES LIMITES DE LA PARTICIPATION

Notre système de droit administratif ne nous permet pas de semer des illusions. La participation n'est pas faite pour permettre aux citoyens de prendre des décisions à la place des élus. Sauf exceptions expérimentales rarissimes, la participation n'est pas un partage du pouvoir.

Nous sommes donc dans ce que j'appelle « le cas de figure du monarque éclairé ». Certains monarques du XVIIIème siècle écoutaient (et admiraient) Voltaire et Montesquieu, mais ils n'en étaient pas moins des autocrates. Nos élus « éclairés » de « la monarchie républicaine », mettent beaucoup de participation en amont (large diffusion des informations, consultation, concertation, co-construction de dossiers, programmation participative, débat public...) et en aval de la décision (suivi, évaluation participative, co-gestion, gestion déléguée...), mais ils sont les seuls à prendre cette décision.

POURQUOI DES POLITIQUES PARTICIPATIVES ?

Il faut aussi poser le problème de la « motivation des élus ». La participation est, pour eux et pour leurs techniciens, coûteuse, surtout en temps et en énergie. Elle est aléatoire. Elle peut être politiquement dangereuse, si elle donne un tremplin aux outsiders de la prochaine campagne municipale. Et pourtant tous les élus, ou presque, s'y engagent, avec plus ou moins de détermination, et de sincérité. Pourquoi ?

Les chercheurs recueillent deux types de réponses. L'une est « managériale », décalquée de la gestion des entreprises modernes. Avant de lancer un nouveau « produit » (c'est-à-dire un équipement, un service), il est normal que la mairie conduise une « étude de marché », recueille l'avis des « citoyens-clients », des « administrés-contribuables ». Les équipements et les services n'en seront que mieux adaptés aux attentes de leurs futurs utilisateurs. Des opérations de « marketing » incitent les citoyens à utiliser ces réalisations. Des opérations de « recueil de la plainte » et de traitement rapide des dysfonctionnements peuvent être comparées à des « services après vente ». Comme le « Canada Dry », ce management intelligent de « l'entreprise-mairie » est recouvert de l'étiquette de « démocratie participative ». Il n'y a là pas grand-chose de démocratique, mais est-ce à rejeter pour autant ?

La seconde réponse est nettement politique. Elle fait état de la « crise de la démocratie représentative », du rejet croissant de « la » politique et « des » politiques. Elle pense que la démocratie participative est un moyen de démontrer que « l'on peut faire de la politique autrement », que « l'on peut réconcilier les citoyens avec la politique, en montrant une attention croissante aux problèmes de la vie quotidienne et de la proximité »…

ÉVALUATION ET PARTICIPATION

Il est nécessaire de s'arrêter parfois et de mener, en partenariat, une évaluation des instances, des dispositifs et des jeux relationnels. Les évaluations sont trop souvent unilatérales. Les élus, avec fréquemment l'aide d'évaluateurs extérieurs, du type bureaux d'étude, tentent de juger les effets des politiques participatives qu'ils ont mises en place. Ces approches sont plus souvent quantitatives que qualitatives. Elles ressemblent trop à un audit porteur de préconisations qui inquiètent. Les citoyens jugent, de leur côté, la manière dont les élus sont ou non à l'écoute de leur parole et tiennent compte ou non de leur travail. Les bilans sont le plus souvent négatifs, mais la lamentation ne sert pas à grand-chose, sinon à faire rentrer chez eux ceux qui sont déçus.

Les évaluations les plus productives sont celles qui mettent ensemble autour d'une table, selon des méthodologies connues et éprouvées, les deux parties, dans une confrontation franche qui peut être surmontée par l'écoute réciproque et qui peut aboutir à des modifications constructives.

L'un des buts de l'évaluation est d'identifier et de comprendre les obstacles au développement de la participation, afin de les amoindrir, voire de les surmonter. Il me semble qu'en général on ne travaille pas assez sur l'évaluation des mentalités et de leurs évolutions, et donc sur la pédagogie de la citoyenneté. Quels dispositifs mettre en place pour faire réfléchir et évoluer les élus ? Quels dispositifs mettre en place pour accroître le nombre de citoyens "en appétit de participation" ? On possède aussi des comptes-rendus très intéressants d'évaluations relatives au cheminement de la décision, c'est-à-dire des rapports de la participation et du pouvoir. Comment améliorer l'expertise et la parole citoyennes afin de la rendre plus pertinente pour les élus et pour les techniciens ? Par quelles procédures, très codées, les décideurs répondent-ils aux revendications, aux vœux et travaux d'expertise d'usage issus des citoyens, qu'il s'agisse d'auto-saisine ou de réponse aux saisies ? Si la décision ne va pas dans le sens souhaité majoritairement par les instances participatives, le pouvoir explique-t-il sa décision, et comment le fait-il ? S'organise-t-il des débats publics, contradictoires et "équitables" avant la prise finale de décision ?

DIFFICULTES PROPRES A L'INTERCOMMUNALITE

L'empilement des niveaux de décisions (ce que l'on appelle « le mille-feuille institutionnel ») ne facilite pas l'intervention citoyenne. La commune, l'intercommunalité (ici l'agglo), le département, la région, l'Etat central et l'Etat déconcentré, l'Europe : le citoyen de base ne sait jamais « qui fait quoi » et « qui paie quoi ». On ne peut faire pression sur le pouvoir que si l'on sait à quelle porte il faut frapper, que si les décideurs ne peuvent pas se renvoyer la balle les uns aux autres : « je voudrais bien vous satisfaire, mais cela dépend du Conseil général » ; « c'est de la faute à Bruxelles », etc. Comment simplifier et clarifier ce système opaque pour encourager l'intervention citoyenne ?

Aujourd'hui, le grand trou noir, c'est la démocratie et la participation à l'échelle des intercommunalités. Non seulement les conseillers communautaires ne sont toujours pas élus au suffrage universel direct, mais les instances de participation, comme les conseils de développement, connaissent une période de doute et d'interrogation. La démocratie ne fonctionne même pas de manière satisfaisante entre les élus des conseils municipaux et les délégués au sein des conseils communautaires. Il existe, à cette échelle, un champ considérable dans lequel les citoyens sont presque absents, et sur lequel il est indispensable de faire progresser la démocratie.

CHAPITRE 4 - DES STRUCTURES ANTI-PARTICIPATIVES

Jean Tournon

Le diagnostic aujourd'hui dominant blâme et veut combattre notre regrettable apathie de citoyens : nous serions obnubilés par mille objets plus excitants qu'un engagement démocratique et il faudrait attirer notre attention vers la vie publique par de rituels discours moralisateurs et, comme cela ne suffit visiblement pas, par toutes sortes de machineries et machinations participatives. Notre diagnostic est différent : il blâme et veut combattre les structures et pratiques anti-participatives de la vie politique française, elles qui sont la principale cause de l'apathie civique. En conséquence, ce qui doit avoir la priorité, ce n'est pas un concours permanent et dispendieux d'ingénieux dispositifs participatifs, mais une chasse résolue aux obstacles institutionnels à la participation.

Bien qu'ils soient congénitalement tricotés ensemble, nous allons essayer de distinguer, du point de vue des citoyens :
- les effets dissuasifs de la centralisation
- les effets paralysants de fonctionnements opaques, particulièrement en matière financière
- les fondrières de la représentation électorale au niveau local.

UNE CENTRALISATION DISSUASIVE

Si nos rois et, surtout, nos empereurs et nos républiques ont recouru à la centralisation, c'est parce qu'ils y voyaient une recette d'efficacité pour leur gestion et pour les transformations socio-économiques qu'ils souhaitaient impulser. Mais elle est devenue une recette d'inefficacité, d'immobilisme et de mise à l'écart des citoyens.

Il serait cependant injuste de tenir la centralisation pour forcément anti-démocratique. Sieyès, le meilleur théoricien de la Révolution française, y avait vu, au contraire, un moyen de contrôler en permanence le pouvoir politique suprême par des « assemblées primaires », circonscriptions de quelques centaines d'électeurs (donc à l'échelle du bourg ou du quartier !), dont l'assentiment aurait été constamment indispensable pour exercer un mandat départemental puis national. Les Jacobins avaient une vision tout autre de la centralisation : elle devait être le moyen de leur dictature ; pour sauver sa tête, Sieyès ne tarda pas à comprendre qu'il avait intérêt à se taire ; il essaya reprendre ses thèses devant les Thermidoriens, puis devant Bonaparte, mais sa formule de centralisation démocratiquement équilibrée fut à nouveau écartée. De nos jours, on peut vérifier que centralisation ne rime pas forcément avec anti-démocratie par le fait que, dans la plupart des Etats modernes, l'élection du chef de l'exécutif (Premier ministre ou Président) est à la fois la plus centralisée et généralement celle qui bénéficie de la meilleure participation populaire.

Les dérives de la centralisation : l'exemple de l'école

Point n'est besoin de s'étendre sur la médiocre performance de l'enseignement primaire français : depuis des années, on constate que l'un des investissements par bambin les plus élevés d'Europe produit les résultats scolaires parmi les plus faibles d'Europe. Insatisfaction des familles, frustrations du personnel enseignant - dont l'engagement individuel n'est pas en cause - et agacement de gouvernements impuissants corsent le tableau. Tout cela, pour cause de centralisation.

En effet, dans une Education nationale ultra-centralisée, les méthodes pédagogiques concoctées dans des bureaux parisiens sont pointilleusement inculquées aux maîtres et maîtresses qui devront, sous la surveillance des inspecteurs du ministère, les appliquer dans leur classe. Les effets anti-participatifs sont sidérants :
- non seulement les enseignants, caporalisés et instrumentalisés, n'ont pas voix au chapitre concernant les programmes et les méthodes qui, heure par heure, régissent leur travail, mais tout écart par rapport à ceux-ci (que ce soit pour oser une évaluation ou introduire une variation) les ferait mal noter et compromettrait leur avancement, donc leur paie
- ainsi mis au pas, les enseignants ont tout intérêt à tenir à distance les tentatives de participation des parents : ceux qui appliquent en bons robots la norme parisienne ne tiennent pas à être perturbés par les criailleries des familles ; et ceux qui

essaient plus ou moins de la contourner redoutent tout franc dialogue qui pourrait exposer au grand jour leur scepticisme ou leur stratégie de désobéissance
- les prolixités byzantines du cénacle parisien autour de son dogme pédagogique à imposer à toute la France ont, depuis longtemps, découragé aussi bien le grand public que les diverses organisations qui, des bibliothèques municipales aux académies littéraires, y avaient pourtant d'énormes enjeux
- titillé par des statistiques déplorables, par les griefs des enseignants du secondaire obligés de prendre en charge des écoliers inaptes, et par l'insatisfaction des familles, le pouvoir politique n'est pas resté inactif, mais, qu'il soit de gauche ou de droite, il s'est retrouvé sans prise réelle dans ses tentatives de bras fer avec un lobby que l'on dit idéologique mais qui est plutôt sectaire et syndical, et il s'est à tout coup cassé les dents contre cet Etat dans l'Etat.

Le bilan catastrophique de ce système bureaucratico-autoritaire s'enfonçant, année après année, dans un coûteux marasme n'est que la partie visible de l'iceberg ; ce que l'on ne voit pas c'est que, en privant chaque école, chaque enseignant et chaque famille de toute capacité de jugement, d'innovation, de comparaison et, last but not least, de choix responsable, il engendre inlassablement de la logomachie et de la désaffection. Là où l'émulation scientifique, la tolérance et, par dessus tout, la passion éducative des enseignants et des parents auraient permis une surenchère participative, créative et pragmatique, la centralisation a verrouillé un gigantesque appareil de silence, de contraintes et d'inefficacité.

Le blocage par l'impossible uniformité

Partis en campagne[22] en faveur de plus de liberté pour nos collectivités territoriales, nous nous sommes vus opposer une version inattendue du dogme républicain de l'égalité : davantage

---

[22] En 2006-2007, après que nous et nos propositions de réforme nous soyons fait éconduire du Forum pour une nouvelle critique sociale puis du Congrès du CARNACQ (Carrefour National des associations d'habitants et Comités de Quartier), le Conseil d'administration du CLUQ nous avait suggéré une stratégie en « tâche d'huile », en démarchant et cherchant à convaincre les municipalités de notre agglomération

de libertés locales ne pourrait que détruire l'égalité entre elles et l'égalité entre les Français. L'égalité apparaissait, non comme la possibilité concrète pour toute collectivité territoriale de jouir d'un droit à s'améliorer face aux réalités de son terrain et aux aspirations de ses habitants, mais comme assujettissement à une norme, la même pour tous. Là où nous comptions exploiter un malaise certain à l'égard des mille et une contraintes que l'Etat central ne cesse de peaufiner et que, en public, les élus ne cessent de dénoncer cas après cas, notre revendication généraliste de liberté provoquait le plus souvent une revendication d'égalité : bref, heureusement que Paris protégeait les citoyens des complexités de la diversité, et les élus de demandes d'innovation débridées !

L'égalité-uniformité ainsi invoquée est pourtant largement mythique. En réalité, la République n'a cessé d'inventer des catégories, des seuils et des dérogations, et de tolérer localement distorsions et désobéissances à l'égard de ses lois. La cécité de nos concitoyens et, encore plus, des élus devant tant d'inégalité instituée ou acceptée est bizarre : comment peuvent-ils négliger de prendre en compte que les modes de scrutin diffèrent entre communes selon leur taille ; que la loi Démocratie de proximité ne concerne que certaines commune, dont plusieurs se sont ingéniées à la détourner ou à ne pas l'appliquer ; que la Corse n'est pas le seul territoire bénéficiant de traitements d'exception ; et que, fort heureusement, nombre de lois proposent aux intéressés, comme dans l'intercommunalité, de choisir parmi des options ? Enfin, que dire du très convoité cumul des mandats dont seule une petite minorité de collectivités territoriales tire avantage ?

L'idée jacobine, soi-disant universaliste, selon laquelle il faut trouver « la » solution applicable partout pour le plus grand bonheur de tous est un facteur massif d'immobilisme : tant qu'on ne l'a pas trouvée, on ne bouge pas ! Un tel souci de consensus serait sans doute louable s'agissant d'une communauté à ressouder ou à maintenir, mais tel n'est justement pas le cas pour nos libertés locales qui concernent, non pas une seule communauté, mais une vaste constellation de communautés. Aucun consensus n'est obligatoirement à rechercher sur les modalités locales de la démocratie, si ce n'est le respect des grands principes[23] qui auront à s'incarner singulièrement dans chaque point de la constellation.

Prenons l'exemple de l'élection des conseillers intercommunaux : tout le monde s'accorde sur le fait que le système actuel prive les populations concernées d'un droit démocratique fondamental, celui de choisir librement et en toute clarté ses représentants et - ipso facto - ses dirigeants légitimes. Mais la réforme indispensable et apparemment souhaitée par l'ensemble des formations politiques est immanquablement reportée à cause de l'exigence d'uniformité qu'impose la centralisation. En effet, l'élection directe des conseillers intercommunaux pourrait se faire de bien des façons, très contrastées, quoique aussi démocratiques les unes que les autres :

- scrutin uninominal (un élu par quartier ; un ou deux tours)
- scrutin de liste par commune (en proportion exacte du nombre d'habitants ou en « protégeant » les plus petites communes ; avec ou sans panachage ; selon la méthode de répartition des sièges)
- scrutin de liste d'agglomération (avec diverses options concernant la composition des listes, le scrutin et le décompte des voix)

Or, ces différentes modalités d'élection ne laissent personne indifférent : en fonction et des poids démographiques au sein de l'ensemble intercommunal et des forces et faiblesses des implantations partisanes et de la configuration des activités, etc. chaque option envisagée enchantera les uns, inquiètera les autres et pourra même être tenue pour anti-démocratique par quelque minorité. Résultat : de peur que la réforme « nationale » qui sera finalement imposée à tous ne produise chez soi des effets indésirables, voire pires que l'actuelle carence démocratique, chaque responsable politique tend à trouver prudent de ne rien changer. Le parti pris centralisateur d'uniformité assure des

---

[23] Si l'on respectait la Constitution, qui dit que « La loi détermine les principes fondamentaux (...) de la libre administration des collectivités territoriales, de leurs compétences et de leurs ressources » (*Article 34*), la loi fixerait uniquement ces principes fondamentaux et non - comme c'est le cas aujourd'hui - tous les détails de leur application.

blocages frileux et, en définitive, un conservatisme qui s'avère le meilleur ennemi de toute démocratisation.

Maintenir un système fort peu démocratique de recrutement des responsables intercommunaux n'est pas la seule tare de la centralisation uniformisante : à supposer qu'existe « la » formule universelle et irréprochable organisant ce recrutement, elle ne sera pas découverte dans le marc de café ou dans des joutes parlementaires ; seuls des tâtonnements et des expérimentations par toutes les collectivités désireuses d'améliorer leur fonctionnement permettraient d'augmenter nos connaissances sur la question, de faire des comparaisons et de nous guider vers une solution. En nous privant des enrichissements que prodiguent la diversité et l'émulation, une conception erronée de l'égalité condamne nos collectivités territoriales à la stagnation dans l'inefficacité et l'anomie.

L'aliénation produite par la centralisation

Partout en France s'accumulent les insatisfactions des élus locaux et des habitants concernant le fonctionnement de leurs collectivités territoriales, mais la centralisation - par sa domination idéologique et par ses mécanismes de contrôle - les voue à la stérilité, car elle a dépossédé l'ensemble des acteurs de terrain de leur capacité de critique et de créativité, et finalement de toute volonté réformatrice.

Dans nos rencontres avec des élus locaux[24] nous avons été frappés par le fatalisme régnant : même pour ceux qui trouvaient à redire, parfois éloquemment, à l'état actuel des institutions de la démocratie locale, la question de leur réforme était déclarée hors de leur portée ; d'ailleurs, ils avaient suffisamment à faire avec les problèmes qui leur incombaient pour ne pas se charger de problèmes qui étaient du ressort des responsables nationaux. Quant à ceux qui s'accommodaient plutôt bien que mal du système, ils faisaient ressortir - outre que c'était, comme on vient de le voir, un domaine intouchable pour un élu local - qu'ils avaient beaucoup peiné pour le comprendre et l'utiliser convenablement, mais que maintenant ils s'y mouvaient à l'aise et ne tenaient pas à en

---

[24] Voir explication donnée dans la note précédente

changer et à avoir se lancer dans un nouvel apprentissage ; enfin, ils avouaient leurs réserves sur les intentions et la compétence d'éventuels réformateurs parisiens et surtout à l'égard des prévisibles foucades des électeurs, dans l'hypothèse où ceux-ci auraient voix au chapitre.

La défausse générale sur le législateur et, derrière lui, sur le gouvernement vis-à-vis de toutes suggestions réformatrices se solde par un immobilisme écrasant, étant donné que Paris, qui a les plus grandes difficultés à retoucher les institutions nationales, premièrement, hésitera beaucoup à ouvrir largement l'épineux dossier de la réforme de la démocratie locale[25] et que, deuxièmement, s'il lui venait l'audace de le faire, il se heurterait aussitôt aux cohortes de préventions et prétentions locales dont nous avons expliqué, à propos des reports successifs de l'élection directe des conseillers intercommunaux, qu'elles menaient tout droit l'inaction. Si l'on pense qu'une nouvelle avancée de la décentralisation est indispensable, on est vite conduit à conclure que celle-ci ne sera possible que revendiquée et impulsée par les citoyens eux-mêmes, dans une perspective de (re)naissance, pour eux et parallèlement pour leurs élus, des libertés locales. C'est ce que la conclusion de ce livre essaiera de plaider.

L'OPACITE PARALYSANTE

Il va de soi que les citoyens ont besoin de savoir et de comprendre comment fonctionne la sphère publique pour être en mesure d'y jouer leur rôle de piliers de la démocratie, à savoir
- idéalement, d'être les instigateurs des actions publiques,
- en tout cas, de pouvoir juger les politiques publiques menées en leur nom : approuver celles qui sont satisfaisantes et condamner les autres,

---

[25] Cette prévision, écrite avant que le président de la République n'ouvre le dossier en juillet 2008, semble, hélas, corroborée par les travaux du comité Balladur qui ne visent qu'une meilleure administration territoriale et laissent de côté l'exercice des droits des citoyens dans une démocratie locale dont ce livre montre abondamment qu'elle est fort peu démocratique

- et, puisqu'ils sont, selon Montesquieu, meilleurs à choisir des hommes qu'à décider du détail des affaires, de pouvoir soit reconduire, soit évincer ceux qui ont gouverné en leur nom.

Cela étant, il est rationnel de la part de citoyens qui ne sont pas en mesure de tenir correctement leur rôle, parce qu'ils se trouvent devant des politiques qui leur apparaissent indéchiffrables ou qu'ils ne savent à qui attribuer, de refuser de faire de la figuration[26], posture dans laquelle ils se sentiraient soit idiots, soit complices. Par conséquent, la colonne vertébrale de toute politique pro-participation doit être la création de conditions favorables à un exercice éclairé de ce rôle fondamental des citoyens ; c'est-à-dire de leur permettre une connaissance suffisante de ce qui est fait et de qui l'a fait.

Alléguant que le monde est de plus en plus complexe, certains nous reprocheront certainement de donner dans une mythologie de la simplicité en imaginant que les électeurs puissent être capables d'obtenir cette connaissance suffisante des choses. Nous n'aurons pas honte de dire, en suivant Jean-Jacques Rousseau, que nous croyons non seulement à la possibilité, mais à la nécessité de la simplification. Le choix devant nous est hélas abrupt : ou bien on fait en sorte que les citoyens puissent y voir clair, ou bien la démocratie est injustifiable.

L'opacité financière

Les pionniers de la démocratie anglaise ou continentale savaient très bien que pour s'emparer des rênes d'un pouvoir monarchique qui se voulait alors absolu il fallait le manœuvrer par son point faible, qui était son besoin d'argent ; donc poser, toutes les fois que la conjoncture leur était favorable, des conditions à la levée d'impôts ou mettre en cause l'opportunité d'une dépense exceptionnelle telle que celle occasionnée par une guerre. C'était une manière, certes prosaïque mais bien plus efficace que des

---

[26] Ce refus justifié de la grande masse de citoyens n'est pas partagé par une petite élite civique qui, dans des associations (entre autres, d'habitants) ou dans des partis, engage un effort démesuré pour surmonter ces opacités ; au lieu de lui en savoir gré, on brocarde ses motivations ou son peu de résultats ; on lui reproche même de trop côtoyer les décideurs et d'être portée à s'identifier à eux plutôt qu'aux électeurs largués (v. notamment le chapitre 6)

discours, d'avoir prise sur le détenteur de l'autorité politique. Tant et si bien que « le pouvoir de la bourse » s'est avéré être au cœur de tout rapport de forces politique et que le vote du budget plus le contrôle des dépenses sont devenus l'alpha et l'oméga de tout modèle de démocratie. Sous cet angle, peut-on dire qu'il existe une démocratie locale ?

En dépit des réassurances constitutionnelles[27] et législatives[28] et d'innombrables préconisations officielles[29] concernant l'autonomie financière des collectivités territoriales, ces dernières restent très largement esclaves du pouvoir financier central : non seulement la majeure partie de leurs ressources vient de ses dotations[30], mais il intervient sans cesse dans leurs décisions par la déclinaison d'un Plan Etat-Région dans lequel il a injecté ses propres orientations et par le financement savamment dosé de tout projet de quelque importance. Bref, alors que la théorie de la démocratie voudrait qu'une collectivité décentralisée soit maîtresse de ses recettes et de

---

[27] «La France est une République indivisible(...) Son organisation est décentralisée» (*Article1*) «La loi détermine les principes fondamentaux (...) de la libre administration des collectivités territoriales, de leurs compétences et de leurs ressources» (*Article 34*). Redisons infatigablement que, en fonction de cet article 34, le Parlement devrait énoncer ce qu'il considère comme « fondamental » puis s'abstenir de toute législation allant au delà de ce cadre très général ; on en est loin. Concernant le domaine financier, le pharisaïsme centralisateur est à son comble : aussitôt énoncée, toute liberté locale est assortie a) du rappel qu'elle est, non pas naturelle, mais facultative : Paris « peut » l'octroyer ou non, et par voie de conséquence « peut » aussi la révoquer ; et b) de la condition d'un encadrement législatif : Paris non seulement la crée, mais en définit les modalités, sinon elle n'existe pas vraiment. Le vocabulaire est révélateur : « Les collectivités territoriales bénéficient [c'est le langage de l'assistanat] de ressources dont elles peuvent disposer librement [l'assisté aurait-il la libre disposition des allocations reçues ? nenni, ce sera] dans les conditions fixées par la loi. Elles peuvent recevoir [toujours l'assistanat] tout ou partie du produit des impositions de toutes natures. La loi peut les autoriser [paternalisme facultatif] à en fixer l'assiette et le taux [cette folle autorisation laisserait-elle certains élus imaginer qu'ils ont là une amorce de liberté ? la suite les détrompe vite :] dans les limites qu'elle détermine» (*Article 72-2*)

[28] Loi organique du 29 juillet 2004 prise en application de l'article 72-2 de la Constitution relative à l'autonomie financière des collectivités territoriales

[29] Notamment le rapport Mauroy (2000)

[30] Addition de 3 dotations annuelles : DGF (dotation globale de fonctionnement), DGE (dotation globale d'équipement) et DGD (dotation générale de décentralisation) : peu d'élus y comprennent quelque chose, que dire des simples citoyens ?

ses dépenses, on constate que le pouvoir de la bourse reste détenu, dans des proportions inimaginables[31], par Paris.

Loin de se révolter contre cette tutelle hypocritement maintenue, les élus locaux en jouent constamment ; d'une part pour se mettre en valeur (c'est à qui se vantera de savoir mieux que les autres traire la vache à lait parisienne[32]) et, d'autre part, pour se disculper (c'est à qui s'indignera de la pingrerie de l'Etat, coupable d'avoir retardé, amputé ou annulé tant de projets mirifiques). Comme si ce grand brouillage en provenance de Paris ne suffisait pas, les élus territoriaux accentuent l'illisibilité financière en usant et abusant des co-financements (pour un seul projet, deux ou trois niveaux de collectivités, parfois plus, « crachent au bassinet »), des partenariats public-privé et du saupoudrage de subventions. Finalement, ce qui va mal pourra être imputé aux autres, à commencer par un Etat central reconnaissable à ses insuffisances et injustices ; tandis que ce qui va bien pourra être revendiqué par chaque élu, qui escamote alors sans vergogne les contributions souvent décisives de l'Europe, de l'Etat français et d'autres collectivités territoriales. Bien fin l'électeur capable de répartir les responsabilités...

Des élus locaux qui, en bonne règle démocratique, devraient essentiellement être responsables du niveau global et des caractéristiques particulières des actions publiques menées sur leur territoire, sont d'abord les exécutants de dépenses obligatoires ou structurellement inévitables ; ensuite, des mendiants ou maquignons sans cesse en quête de mannes ou d'aubaines ; et, enfin ! et seulement à la marge, responsables des politiques publiques de leur territoire. Pourtant, nous ne les voyons - ni en tant que personnalités publiques, ni comme parti politique, ni comme association d'élus - faire d'efforts en direction de leur autonomie, c'est-à-dire d'une maîtrise maximale de leurs responsabilités ; on les voit plutôt aller dans le sens d'une esquive maximale de leurs responsabilités, tantôt sous le parapluie de l'Etat, tantôt en multipliant les connivences entre collègues. A ce jeu très subtil de conflit-complicité à tous les niveaux, les citoyens ne peuvent

---

[31] Le professeur Davezies (Université Paris-XII) estime que « 80% des ressources des collectivités viennent de l'Etat » (*Le Monde*, 27 juillet 2008).
[32] Ce en quoi le cumul des mandats est un atout non négligeable...

comprendre grand-chose, ni à plus forte raison prendre valablement leur part. Alors, devant une lisibilité et une imputabilité proches de zéro, un désengagement des habitants est loin d'être déraisonnable. Devraient-ils en compensation se jeter, enthousiastes et reconnaissants, sur l'os à ronger que constituent des dispositifs dits participatifs, portant sur des dépenses généralement minimes et exigeant néanmoins de leur part un lourd investissement en palabres ?

LA DEMOCRATIE REPRESENTATIVE EN PERIL

Défaillances et même aberrations abondent dans le fonctionnement de nos collectivités locales ; cela fait des décennies que s'accumulent les diagnostics alarmants[33] et les velléités correctrices, mais que le problème reste entier, voire qu'il empire au fur et à mesure que réussit l'intercommunalité. Tant de symptômes persistants du mal-fonctionnement du jeu démocratique local nous incitent à analyser de plus près ces mécanismes anti-participatifs, cette dissuasion institutionnelle subie par les habitants des localités françaises.

Un électeur désemparé

Les sciences sociales ont balayé le cliché romantique d'une vibrante insurrection des « damnés de la terre » et ont établi, au contraire, que plus une population s'enfonce dans les difficultés à survivre, moins elle est capable de mettre sur pied une organisation défensive. Elles ont aussi pointé l'emprise des idées dominantes sur la façon dont tous, y compris les victimes, perçoivent une conjoncture. Toutes proportions gardées, le citoyen local est enfermé dans le même type de carcan : il n'imagine pas de combattre une impuissance dont il n'arrive même pas à prendre les mesures.

Un électeur aveuglé par un contexte territorial confus et opaque a peu de prises pour entamer une prise de conscience et un début de

---

[33] L'un des derniers en date provient d'une étude économique de l'OCDE : la décentralisation « n'a pas atteint les gains d'efficacité escomptés, en raison de la complexité et de l'inertie du système ainsi que de la faible responsabilisation des collectivités territoriales » *Rapport sur la France*, juin 2007

contestation. Il est dérouté encore un peu plus par la duplicité[34] de ses élus : leurs diatribes contre Paris où c'est eux qui, avec le cumul des mandats, ont le pouvoir législatif et le pouvoir budgétaire, et leurs guerres picrocholines à l'intérieur de cofinancements de connivence ne font d'eux ni les repères, ni les pédagogues qu'ils se devraient d'être. De plus, ils ont passablement réussi à lui faire partager leur anxiété et leurs alibis à l'égard de tout changement : « c'est vrai, on n'a guère voix au chapitre, mais on s'en tire pas trop mal parce que, heureusement, on a un maire malin et un conseiller général du tonnerre.. »

Tout effort d'analyse par le citoyen est vicié au départ par les trois slogans dans lesquels on a réussi à l'enfermer depuis son enfance : celui d'une uniformité intouchable, alors que - on l'a vu - la réalité territoriale donnerait plutôt dans l'hétéroclite ; celui d'un devoir moral d'égalité, alors que les disparités locales dans le service public sont criantes et que des possibilités de péréquation[35] restent sciemment inutilisées ; enfin celui, moins traditionnel, de la proximité : puisqu'on lui ouvre de plus en plus largement la possibilité de se défouler dans le terrain d'aventure de la proximité, pourquoi diable, avec un champ d'action aussi inépuisable, irait-il se tracasser au sujet des institutions de la démocratie locale ?

De toute façon, à quoi lui servirait-il de se mettre en tête de faire la critique des fonctionnements siamois de sa municipalité, de son agglomération, de son département et de sa Région, quand il ne peut ignorer que, dans un univers centralisé, armaturé par les dogmes "uniformité, égalité, proximité", il se heurterait immédiatement à deux blocages intimement liés. Le premier est qu'il serait d'emblée déclaré hors jeu, puisque les institutions locales ne sont pas de compétence locale ; le second est que sa tentative de lancer un mouvement de réforme à l'échelle nationale buterait sur l'hétérogénéité des partenaires potentiels : enjeux et éventuelles solutions diffèrent si grandement, parfois incompatiblement - aussi

---

[34] « Il y a une schizophrénie totale des élus, qui tiennent un discours radicalement différent selon qu'ils s'expriment au niveau national ou au niveau local ». L. Davezies, *Entretien au Monde*, 27 juillet 2008
[35] « La loi prévoit [sic] des dispositifs de péréquation destinés à favoriser l'égalité [quel gros mot : atténuer les plus criantes disparités serait déjà bien] entre les collectivités territoriales. » (*Article 72 de la Constitution*)

bien entre les collectivités territoriales[36] auxquelles il appartient qu'entre les autres ensembles territoriaux de la France - que les parapluies du conservatisme s'ouvriraient illico de tous côtés : « ne touchons à rien, de peur que tout l'édifice ne commence à se désagréger ; ou à presque rien s'il faut une réformette pour nous donner bonne conscience ou pour calmer quelques mécontentements. »

Des élections peu locales

La démocratie locale marche classiquement sur deux jambes : la jambe financière, que l'on a vue privée de sensibilité et de mobilité, et la jambe électorale qui est - nous allons maintenant le voir - une jambe folle.

Toute élection - pourtant clé de voûte de la démocratie représentative - pose inévitablement l'ardu problème de synthétiser du mieux possible un nombre effarant de données (en simplifiant énormément : bilan, sur un mandat de plusieurs années, des actions et inactions de l'équipe sortante et confrontation de ce bilan, souvent ambivalent[37] aux probabilités, malaisément calculables, de voir se réaliser les programmes proposés par ses concurrents et évidemment par elle-même). On a vu combien, dans la démocratie locale, cet exercice déjà difficile était rendu problématique par l'illisibilité du système ; l'électeur local, en proie à la perplexité et au scepticisme quant à l'impact de son bulletin de vote, devrait donc être particulièrement aidé et soutenu par un design institutionnel éclairant et motivant. C'est tout le contraire qui se passe.

✓ L'entremêlement des élections

L'interférence entre différents niveaux d'élection réduit ou fausse le pouvoir fondamental de l'électeur, à savoir d'entériner ou sanctionner l'action de ceux de ses représentants qui sont à un moment donné sur la sellette pour réélection. Or, cette interférence

---

[36] Voir, par exemple, les trajectoires divergentes suivies par les trois métropoles PLM ou entre grandes villes ambitieuses et villages à l'abandon ou entre villes centre et communes périphériques ou entre Régions.
[37] Puisqu'il rassemble des approbations d'inégales intensités à l'égard de certaines politiques menées et des insatisfactions, fort disparates elles aussi, à l'égard des autres ou de l'absence de telles ou telles autres

est inhérente au cumul des mandats ; et est carrément institutionnalisée dans l'intercommunalité.

Imaginons que des électeurs aient réussi à se faire une idée assez claire de l'action publique menée et à mener dans leur commune et que leur jugement soit plutôt négatif envers le candidat sortant, qui aurait commis plusieurs erreurs et négligences et qui semble moins intègre et moins bien inspiré que son principal adversaire dans la campagne des municipales. Pourtant, certains de ces électeurs vont quand même voter pour le candidat sortant : les uns parce qu'ils ont de l'indulgence pour ce personnage prestigieux qui brille dans une assemblée de niveau supérieur ; les autres parce qu'ils en escomptent davantage de retombées économiques et financières. Quelle qu'ait été leur corde sensible, ces électeurs n'ont pas pris spécifiquement en considération la scène municipale ; ils ont raté l'occasion de porter le jugement le plus clair et le plus juste possible sur la gestion passée et future de leur ville ; l'effet de leur verdict composite sera que la sanction démocratique théoriquement attendue n'aura pas fonctionné dans cette commune.

Dans l'intercommunalité, la confusion est organisée par la loi : les conseillers de l'assemblée intercommunale sont choisis par et parmi les conseillers municipaux de chacune des communes participantes. En votant pour ces derniers, l'électeur a, en aveugle, désigné aussi les autres. Les choix ainsi faits - évidemment sans son avis ni sa ratification - peuvent être gravement insatisfaisants à ses yeux, tantôt parce que ses élus préférés vont être happés par des fonctions de premier plan dans l'intercommunalité et qu'il les considère de ce fait perdus pour la gestion municipale à laquelle il croyait les avoir destinés, tantôt parce qu'il a honte de ceux, incompétents ou pas au-dessus de tout soupçon, que sa ville a choisi de déléguer au niveau de l'agglomération. L'électeur peut aussi être mécontent des discordances de signification renfermées dans son vote à double détente : par exemple, il est légitimiste et relativement satisfait des gestionnaires en place aux deux niveaux, mais en votant pour son maire sortant, il se retrouve, bon gré, mal gré, du côté de l'opposition dans la métropole. Autre exemple, son option droite-gauche dans les affaires du niveau communal peut se transmuer en un positionnement intercommunal soit d'égoïsme municipal soit d'impérialisme avec lequel il n'est pas du tout d'accord.

La nationalisation des scrutins locaux

Dans la mauvaise habitude française de tenir chaque élection territoriale pour un troisième ou quatrième tour d'une élection nationale, la contamination d'un processus démocratique par un autre est à son comble. En effet, les débordements et amalgames que nous venons de décrire entre niveaux de collectivités territoriales étaient dispersés géographiquement et circonscrits, mais la transformation des municipales ou des régionales en plébiscite sur l'activité présidentielle est massive ; elle fait l'objet d'un consensus, y compris au niveau des circonscriptions ainsi dévaluées ! De plus, elle est orchestrée nationalement par les médias (« voilà qui donne du sel à des élections autrement peu sensationnelles ») et elle est ouvertement calculée dans les états-majors des partis (on se rappelle les grandes manœuvres autour de la date - à déplacer ou non - des municipales tombant malencontreusement en 2007). Alors, tant pis pour les équipes municipales qui ont bien fait leur travail tout au long de six années, et quelle veine pour les autres : ce qui est attendu des électeurs locaux, ce n'est pas leur verdict sur ce qui s'est passé localement depuis les précédentes élections et sur ce qui devrait s'y faire dans le prochain mandat , mais leur verdict sur la popularité du président, voire sur un prix du pétrole qui se décide à des milliers de kilomètres et sur lequel ni eux, ni d'ailleurs l'Elysée, n'ont d'influence...

Conséquences pour la démocratie

Il n'est pas question de nier que des millions d'habitants aient à cœur le meilleur fonctionnement possible des divers niveaux de leurs collectivités territoriales et que, en conséquence, ils s'efforcent d'utiliser leur bulletin de vote aux élections locales pour conforter les "bons" candidats de chez eux et pour écarter les autres. Néanmoins, les diverses contaminations (des élections territoriales entre elles et de celles-ci par la conjoncture nationale) ont un impact beaucoup plus important qu'ils ne l'imaginent :
- du fait des très faibles lisibilité et imputabilité de l'action publique sur la scène locale, certains électeurs perplexes et cependant désireux de se comporter civiquement vont être à la recherche de repères pour guider leur vote : la contamination est alors bienvenue ; voter pour le grand homme du Département

ou contre le Gouvernement donne du sens à leur votation ; et, même en dehors de toute personnalisation de leur choix, l'utile simplification de la complexité, telle que la leur propose une lecture idéologique, fonctionne mieux à l'échelle de vastes territoires qu'au niveau de leur quartier ou de leur commune

- la bipolarisation est naturelle lorsque les camps en présence aux élections se battent sérieusement pour la victoire (et non pour simplement émettre une protestation pure et dure) ; chacun faisant alors tout ce qu'il peut pour attirer à soi les éléments "flottants", idéologiquement compatibles ou se vendant au plus offrant, cette pêche aux voix tend à amener chaque camp à proximité de la barre des 50%. Du coup, il suffit que la contamination infléchisse ne serait-ce qu'un très faible pourcentage des suffrages pour que ce soit elle - et non les bilans et enjeux locaux - qui décide de l'issue du scrutin. C'est sans doute en raison de cela que les Régions, aux actions encore insuffisamment connues, furent presque toutes de couleur bleue, et sont aujourd'hui presque toutes de couleur rose.

L'addition de ces deux schémas (réduction de l'incertitude, par escalade vers les niveaux territoriaux supérieurs, et impact disproportionné du vote flottant) laisse peu de place au jeu normal de la démocratie représentative locale ; elle laisse encore moins de pouvoir à ce jeu démocratique pour orienter la destinée de chaque localité.

LE BOUT DU TUNNEL ?

Ayant amplement incriminé les configurations et pratiques institutionnelles qui font obstacle à un engagement civique susceptible d'obtenir un retour suffisant sur investissement, il faut immédiatement ajouter que le découragement ne serait pas de mise, car ces obstacles sont de fabrication humaine et peuvent être défaits par une action humaine ; qui plus est, par une action humaine simple et efficace : l'introduction d'un peu de liberté dans des systèmes obèses et ankylosés.

Si nous reprenons trois des plus graves problèmes évoqués dans ce chapitre : l'école rébarbative, le cumul des mandats et les élections dénaturées, nous leur découvrons une caractéristique commune, celle d'être d'effrayants himalayas d'intouchabilité et d'immobilisme lorsque nous les abordons du point de vue des centres de décisions nationaux, mais de devenir de simples et excitantes opportunités de novation lorsqu'on les repositionne à un niveau local qu'ils n'auraient sans doute jamais dû quitter.

Laissons chaque école ou toute équipe d'enseignants volontairement regroupés trouver ses repères, mettre en place ses méthodes, les tester et les améliorer, accumuler les résultats afin de les comparer avec ceux d'autres équipes, et en peu de temps le cauchemar actuel aura disparu : plus de défaitisme, de caporalisme et de logomachies ; en six mois, on saura quels enfants apprennent le mieux à lire ; en cinq ans, on verra quels petits collégiens ont été les mieux équipés pour la poursuite de leur éducation. Emulation et pragmatisme auront rouvert la porte à des progrès scientifiquement mesurables...et à l'implication des parents.

Donnons à chaque collectivité territoriale la liberté d'énoncer un cahier des charges ou profil professionnel pour ses élus et administrateurs, cela bien sûr sous l'oeil vigilant des juges protecteurs des droits fondamentaux des citoyens. Celles qui voudront que telle ou telle fonction soit réellement un emploi à plein temps, dont la rémunération ne saurait être accrue de l'extérieur par quelque indemnité ou salaire que ce soit, n'auront qu'à l'écrire noir sur blanc, et aussitôt elles seront débarrassées du cumul des mandats. Celles qui, au contraire, apprécient que leurs responsables naviguent élégamment d'une charge à l'autre, voire à plusieurs, et ne soient nulle part en mesure de pleinement remplir les fonctions censées leur incomber mais accroissent tranquillement leur notoriété, leurs atouts professionnels et leurs revenus, celles-là n'auront qu'à continuer à être des employeurs laxistes, floués mais contents. Et les électeurs, lorsque la capacité leur aura été enfin donnée (par initiative référendaire ou autrement) de faire promulguer puis appliquer un tel cahier des charges pour leur localité, ne pourront plus rester dans l'actuelle ambiguïté, « je réprouve le cumul, mais je vote pour ceux qui le pratiquent » : leur action ou leur inaction dira s'ils préfèrent l'entregent des champions du cumul ou le travail à leurs côtés des modestes assidus.

Quant à la "nationalisation" des élections locales, il est évident qu'elle n'est rendue possible que par la centralisation, non seulement des règles électorales générales (sur lesquelles les

Français n'ont peut-être pas tort de vouloir voir planer l'ombre libérale de la République), mais aussi des détails de l'exécution de ces règles. Or, toute bureaucratie centrale ne saurait, de son propre mouvement, envisager d'autre mode d'exécution que par l'uniformité : alors, 36 700 communes doivent absolument voter toutes le même jour. A la réflexion - mais ce n'est pas à la bureaucratie d'ainsi réfléchir, c'est aux citoyens - cette simultanéité n'offre aucun avantage particulier, si ce n'est une esthétique de défilé militaire et la gloire implicite de ceux qui font régner une telle discipline ; en revanche, elle a, au siècle des médias, l'énorme tort de dénaturer une phase cruciale de la démocratie locale en la requalifiant plus ou moins en geste d'allégeance ou de défiance envers le pouvoir en place à Paris. Etablissons ou rétablissons le droit, qui va de soi, pour toute collectivité territoriale de régler elle-même les modalités de "ses" élections (sous le contrôle, redisons-le à satiété, des instances judiciaires, aujourd'hui enrichies d'un échelon européen) et, en peu d'années, par le seul jeu de durées inégales des mandats et de différences dans les modalités de déclenchement de l'élection, cette perturbation nationale des élections locales aura, non pas complètement disparu car on ne peut abstraire complètement l'électeur local de l'atmosphère politique du moment, mais aura été réduite à si peu de chose et à un tel étalement tout le long de l'année qu'elle en sera devenue anodine.

Comme quoi une simple tournure d'esprit libérale n'aurait nul besoin de renverser les grands blocs de notre système politico-administratif pour faire sortir celui-ci de ses manies autoritaires contre-productives et le faire fonctionner d'une manière déliée, libératrice des forces et de l'intelligence créative de tous.

CHAPITRE 5 – PROBLEMES DE LA PARTICIPATION DANS L'INTERCOMMUNALITE.

François Hollard[38] *et Gérard Hudault*[39]

Depuis 1945, l'organisation territoriale de la France n'a cessé de se complexifier. Longtemps très centralisée via le niveau départemental (le préfet validait les délibérations des Conseils municipaux et instruisait et exécutait le budget du Conseil Général) et culminant au niveau départemental, elle connaît, avec la 5ème République, d'abord une consolidation de cette centralisation (le préfet représente l'ensemble des ministères et, dans la « région de programme » devenant en 1960 « circonscription d'action régionale », l'un d'entre eux prend autorité sur ses collègues), puis un mouvement en sens inverse lorsque, en 1982 les lois de décentralisation donnent naissance aux Conseils Régionaux, collectivités locales de plein exercice et que la tutelle préfectorale est supprimée. En 1986, l'élection des conseillers régionaux au suffrage universel direct concrétise la nouvelle autonomie de l'institution régionale.

PLACE DE LA COOPERATION INTERCOMMUNALE

Depuis les années 30 mais surtout après 1945, les communes avaient été amenées à se grouper dans des Syndicats Intercommunaux, d'abord à vocation simple (SIVU) pour des équipements impossibles à réaliser par une commune seule (eaux, voirie etc.) puis à partir de 1959, dans des Syndicats à Vocation Multiple (SIVOM) ou Districts. Certains sont des Syndicats Mixtes qui rassemblent plusieurs niveaux de collectivités ou des Chambres Consulaires.

Il n'est pas étonnant qu'après des siècles de centralisation, les citoyens et même leurs élus, éprouvent quelques difficultés à se

---

[38] Président de LAHGGLO (Les Associations d'Habitants du Grand Grenoble : lien et ouverture)
[39] Président de l'Union de quartier Notre-Dame, Grenoble

repérer dans une organisation en pleine mutation. En fait, en une cinquantaine d'années, la vie des collectivités locales a complètement changé. La société politique locale est devenue très complexe, même sans prendre en compte d'autres bouleversements liés à la mondialisation, à la rapidité de l'information et des communications, etc. Paradoxalement ces phénomènes ont amené les habitants à se "rabattre" sur le local avec, pour beaucoup, le slogan quasiment international : "penser mondial : agir local".

Mais pour agir localement, il est nécessaire de comprendre l'organisation de la collectivité. Le premier temps de cet engagement est souvent la participation à des collectifs, associatifs ou non, à proximité du domicile : cela va de l'engagement dans une copropriété à une association de parents d'élèves, puis à une association de quartier, un club sportif ou culturel... Ces associations ont des idées, des difficultés ou des projets qui les amènent à dialoguer avec des techniciens et surtout des élus municipaux. C'est à ce stade que commencent les difficultés : quelle collectivité est responsable ? Quelle personne est capable éventuellement de répondre, d'accepter ou refuser, voire de réaliser telle ou telle demande ?

Ainsi, le citoyen lambda ou son association découvre la complexité, s'apercevant à ce moment-là que l'on a depuis quelques décennies ajouté des niveaux gestionnaires (politiques, administratifs, techniques) et jamais rien supprimé. Il découvre les intercommunalités, et tous les niveaux superposés, jusqu'à l'Europe! S'il est courageux et obstiné il se heurtera à des sigles incompréhensibles et, à chaque étage, à des politiques pas forcément cohérentes. Souvent la réponse sera : je suis d'accord avec vous mais je ne suis pas compétent (ce mot ne veut pas dire "incapable" mais que, administrativement, l'interlocuteur n'a pas cette responsabilité!). Le citoyen curieux se plongera dans l'étude de textes législatifs et apprendra que, depuis la loi de décentralisation de 1982, il ne doit plus y avoir de financements croisés. On lui expliquera qu'aujourd'hui il faut que chaque étage inscrive un morceau du crédit !!

Beaucoup de théoriciens sont persuadés qu'une simplification s'imposera, d'où l'idée qu'il y a un niveau de trop : le département. Mais depuis 1982, celui-ci a été sans arrêt renforcé par des transferts de compétences venant de l'Etat ; en fait il s'agit surtout de transferts de dépenses! Dans le même temps le citadin électeur découvre que sa ville est divisée en cantons dont il ne connaît ni la fonction ni les limites! Par ailleurs, dans le département, de nombreuses structures intercommunales rassemblent pratiquement toutes les communes sans que leurs limites ne correspondent à celles des cantons! Inversement, les 36 600 communes françaises sont bien connues par leurs habitants, mais n'ont pas, pour la plupart, les ressources financières adéquates si, à quelque niveau supérieur, on ne les aide pas.

La coopération entre communes

Le recours à l'intercommunalité est aujourd'hui en place dans la quasi-totalité des communes. Ses compétences sont fixées par la loi et elle dispose de ressources propres qui peuvent dépasser celles des communes. La problématique de l'élection des membres des conseils intercommunautaires au suffrage universel est posée depuis une quinzaine d'années et divise la classe politique. Cette situation est d'autant plus préoccupante que, dans ses diverses formes, l'intercommunalité tient un rôle de plus en plus important.

Quand une décision est à prendre concernant un investissement local, un aménagement urbain le réseau des transports ou encore la mise à jour de règles de fonctionnement, nul ne sait exactement qui doit la prendre et la faire appliquer. En tout cas, les habitants ne savent généralement pas à qui s'adresser. Il y a là un obstacle majeur à leur participation. Pourtant, la décentralisation est censée avoir voulu rapprocher les niveaux de décision des lieux de vie des personnes. Etrangement lancée et mise en œuvre par "l'Etat" et non par les échelons locaux qui, bien que directement concernés, ont totalement abandonné cette réorganisation aux instances nationales, la politique de décentralisation n'a pas voulu déstabiliser ce qui existait, ni heurter les pouvoirs politiques locaux, et elle a multiplié les tranches du mille-feuille politico-administratif.

Toutefois, l'intercommunalité a ceci de particulier qu'elle s'est mise en place progressivement et s'est structurée assez tardivement. Les communes prenaient conscience de la difficulté de gérer, seules, les tâches de plus en plus complexes et nombreuses qui leur étaient demandées d'un côté par les habitants et de l'autre par l'administration centrale. Pour les petites communes c'était un problème de moyens qui se posait, et pour les villes la nécessité de se coordonner avec les commune des zones suburbaines formant conglomérat avec la ville elles. Donc, assez spontanément, l'idée de regroupement s'est imposée avec une mise en place d'abord flexible, puis structurée par des textes législatifs. Aujourd'hui l'intercommunalité est présente dans la quasi-totalité des communes.

Elle est organisée, à l'image de tous les échelons de démocratie locale (région, département, commune) avec des services administratifs et une assemblée d'élus, mais elle présente deux particularités. D'une part cette assemblée est composée de membres désignés par les communes constitutives et non pas élus au suffrage universel. Cette méthode de désignation fait dire à certains qu'elle ne peut pas représenter correctement l'ensemble des habitants. Cependant, l'intercommunalité prend de plus en plus d'ampleur et regroupe un nombre croissant de services et fonctionnalités dévolus auparavant aux communes ; le budget qu'elle gère prend de l'ampleur, au point de parfois devenir plus important que la somme des budgets des communes, notamment lorsque la gestion de l'urbanisme et des transports est mutualisée. La question de la représentation des habitants (directe ou indirecte) reste ouverte ; une solution moyenne préconisée par certains courants politiques serait que les listes électorales municipales indiquent à l'avance qui elles délègueront à l'intercommunalité.

Une deuxième particularité est la présence d'un Conseil dit de Développement, dont la désignation est laissée très libre à l'échelle locale : parfois, tout ou partie de ses membres sont choisis par tirage au sort, en appliquant tout de même quelques critères de sélection pour permettre une efficacité de fonctionnement ; mais le plus souvent ils sont composés de personnalités locales, élues ou non, choisies en fonction de leurs compétences et de leur représentativité vis-à-vis des habitants. Ce conseil choisit lui-même son mode de fonctionnement et les thèmes sur lesquels il va travailler. Il donne des avis sur les projets et la gestion de l'intercommunalité. Il dispose généralement de peu de ressources.

Une abondante littérature étudie le fonctionnement des intercommunalités et plus particulièrement des Conseils de Développement. Ce chapitre est complété par l'analyse, par son ancien président,

Gérald Dulac, du fonctionnement jusqu'en 2008 du Conseil de développement grenoblois.

Parmi les griefs le plus souvent exprimés concernant le fonctionnement de l'intercommunalité :
- problèmes de transparence entre l'intercommunalité et les communes
- délégués à l'intercommunalité qui ne sont généralement pas, sauf pour le président du conseil intercommunal, les ténors de leurs conseils municipaux d'origine ; ces derniers ne veulent pas se dessaisir de leurs forces vives, or la participation aux travaux de l'intercommunalité représente une charge additionnelle pour ceux qui y sont délégués.
- la création de cet échelon supplémentaire du mille-feuille politico-administratif a encore compliqué le fonctionnement de l'ensemble, et n'a pas apporté de remède au cloisonnement des diverses administrations. D'autant plus que les administrations locales de chaque ministère (intérieur, industrie, etc.) procèdent, avec leur propre logique et leurs propres besoins, à des découpages géographiques qui ne correspondent pas toujours aux intercommunalités, ni aux anciens cantons.
- Une autre difficulté concerne l'implication des habitants. Il est déjà difficile de faire vivre au niveau des communes, des associations de type associations de quartier ou comités de secteur. Rajouter un étage de plus dans la représentation des habitants demande des moyens et des disponibilités qui existent rarement ou vont souvent mobiliser les mêmes personnes qu'on retrouve aux autres niveaux (on peut alors se demander si, pour elles aussi, ne se poserait pas la question du cumul des mandats). Pour s'y retrouver dans l'imbroglio de l'organisation politico-administratif locale, il faut des personnes qui ont une formation suffisante et qui ont tendance par là même à devenir des experts de la politique. Or, un expert a bien du mal à prendre l'avis des habitants de base, car cela demande du temps en explications et en discussions, et souvent donne lieu à des incompréhensions. De ce fait, la structuration de la consultation, plus ou moins participative, par des entités de type Conseil de Développement peut offrir une solution de compromis. Encore faut-il qu'elles soient écoutées, qu'elles

puissent donner des avis en amont des décisions et exercer un rôle de contrôle a posteriori.

Enfin, deux remarques de bon sens nous semblent devoir être mises en avant dans l'écheveau des nouvelles dispositions et des simplifications qui pourraient être imaginées à l'avenir.

La première est qu'il faut garder un lien très fort entre les organes qui gèrent et décident des ressources financières et ceux qui prennent les décisions pour les dépenser. Le poids des coûts doit intervenir dans toute décision.

La deuxième est que la politique se joue de plus en plus sur l'effet émotionnel des évènements et que les décisions doivent être prises avec une réactivité rapide. Or une continuité et une cohérence d'ensemble sont nécessaires ; les objectifs généraux doivent avoir été fixés bien avant les décisions au jour le jour. Mais à quel niveau les définir (commune, intercommunalité, département ou région?) et avec quelle représentativité des intéressés?

Pour convaincre et faire participer, il faut du temps et du désintéressement. Ces deux éléments manquent de plus en plus.

ANNEXE 1 - LE POINT SUR LE CONSEIL DE DEVELOPPEMENT DE L'AGGLOMERATION GRENOBLOISE

Gérald Dulac[40]

En toile de fond : l'intercommunalité, dont on n'a fixé clairement ni la place ni le rôle, a un problème démocratique du fait de l'élection indirecte : comment contourner cela puisque la crainte de la disparition de la commune est réelle et qu'elle n'est pas souhaitable. Par ailleurs, il y a un risque réel d'élitisme entre une démocratie de quartier et une démocratie d'agglomération : quels liens doivent tisser ces différents niveaux ?

---

[40] Président du Conseil de Développement de l'agglomération grenobloise, jusque mars 2008.

L'installation et sa dynamique[41]

Le Conseil de Développement a été installé en octobre 2001 ; l'intercommunalité grenobloise était passée en « communauté d'agglomération » le 1er janvier 2000 et le renouvellement municipal a eu lieu en 2001. Le Conseil de Développement, installé pratiquement immédiatement après la création de la communauté d'agglomération, a pu travailler sur le premier projet d'agglomération en 2002 puis sur le second en 2007.

Le Conseil de Développement a bénéficié d'un environnement favorable au sein de « la métro » : délibération de fonctionnement qui a pu évoluer en prenant en compte un membership plus important (passant de 48 à 70 personnes avec un collège supplémentaire formé des représentants des Conseil de Développement environnants), budget suffisant, ressources humaines d'animation de grande qualité mais devenant insuffisantes en nombre. Il a mené des travaux de saisines ou d'auto-saisines, sur les relations avec les élus, les services administratifs, la population, les journalistes. Il a passé une bonne partie de l'année 2007 à analyser son utilité et son mode d'organisation avec 2 documents qui sont sur notre site web : « Un Conseil de développement au cœur de la démocratie d'agglomération » (audit Diagnostic-Evaluation de Alain Faure et de Philippe Teillet – Septembre 2008) et « Rendu d'étape » document présenté en réunion publique à la Maison des associations le 12/2/08. Il souhaite utiliser cette expérience pour négocier de nouvelles bases de relations avec les élus des élections municipales de 2008.

Le fait communautaire dans l'emboîtement des territoires.

Cette complexité territoriale, perçue par une très petite partie de la population, a posé beaucoup de problèmes. La notion de compétences liées au fait communautaire est une notion difficile à comprendre et à accepter, et difficile également à respecter : le Conseil de Développement a rapidement déclaré qu'il pouvait s'auto-saisir sur toutes questions, mais cela n'a pas été aussi simple

---

[41] Dans ce qui suit, les phrases en italique reprennent les principales propositions qui seront faites aux futurs élus de 2008.

dans la réalité. Un premier exemple concerne l'auto-saisine sur le sport : elle a proposé des approches innovantes qui ont déstabilisé les élus. Autre exemple : le Conseil de Développement a souhaité se lancer dans des expérimentations sur l'énergie passive des maisons ; ces expérimentations se sont révélées quasiment impossibles à mener à terme.

La question de travailler au niveau de la région urbaine[42] avec le dossier du Schéma de Cohérence Territoriale s'est très vite posée, mais n'a pas été résolue valablement. Du point de vue des communes, le rôle du Conseil de Développement n'a jamais été très clair. L'évolution de l'intercommunalité a une constante qui est partagée par ses membres : la commune ne doit pas disparaître au profit d'une supra territorialité anonyme. Mais entre un territoire de projet, un territoire de destin et un territoire tout court où la subsidiarité communale est forte, l'évolution de l'intercommunalité est multiple. Pour les communes, le rôle du Conseil de Développement doit donc se clarifier et notamment les liens avec les structures communales de démocratie participative. Au niveau de la Région, les travaux engagés se sont révélés trop lourds à assumer dans deux domaines : celui des relations avec le Conseil Economique et Social Régional, et celui du travail sur la politique de démocratie participative lancé par la région, en particulier du fait des grandes distances à parcourir, et des réunions à assurer le samedi. Quant aux relations avec l'Etat (par le biais de la Préfecture), elles ont pu avoir lieu lorsque nous l'avons demandé.

De tout cela il faut retenir que la notion de territoire est véritablement difficile à appréhender. Notre perspective sera la suivante :

La Métro est insérée dans une « multi-territorialité » et le mille-feuille administratif rend les projets difficiles à appréhender pour les « multi-citoyens ». La Métro doit s'engager dans la « territorialisation » des projets qui touchent son territoire, projets pilotés par d'autres collectivités publiques notamment la Région Rhône Alpes et le Département de l'Isère ou projets pilotés par des

---

[42] Englobant 243 communes, alors que la communauté d'agglomération grenobloise n'en regroupe que 26.

structures dans lesquelles la Métro est directement impliquée, comme le Schéma de Cohérence Territoriale ou le Sillon Alpin.

[Par conséquent,] la Métro doit s'engager à aider le Conseil de Développement à travailler dans le cadre d'une concertation interterritoriale (les bassins de vie comme la Région Urbaine, le Département de l'Isère, la Région Rhône Alpes, le Sud-est et au-delà des frontières nationales) basée sur la justice sociale, le respect et la connaissance de l'autre.

L'enjeu de l'avenir du Conseil de Développement.

Il y a deux manières de comprendre nos différentes demandes :
- Nous pensons que le développement de notre agglomération passe par une pratique démocratique encore plus importante, sous forme d'un débat permanent, pratique qui peut prendre sur notre territoire de l'avance sur l'évolution souhaitable du cadre général législatif
- Nous avons compris que ce qui reliait les différents membres du Conseil de Développement était une forme d'humanisme, de développement de fraternité et d'équilibre dans le cadre républicain mais aussi dans un cadre territorial à inventer. Nous avons pris conscience de l'importance de nos valeurs communes et de l'application de ces valeurs aux systèmes de santé, de logement social, de retraite, de démocratie... Nous pouvons penser aussi que ce qui est appelé « ultralibéralisme » est une vision importée d'autres pays. Il s'agit donc pour nous de réfléchir et d'agir en défendant notre propre modèle de développement tout en l'améliorant et en osant l'expliquer : le Conseil de développement, en tant qu'instance de participation citoyenne, est l'un des outils de cette clarification.

Ce qui nous fait dire :

La Métro doit s'engager à favoriser la participation citoyenne et à mettre en place les conditions d'une concertation territoriale solide, basée sur l'écoute, l'ouverture aux autres et la liberté d'opinion, sur la promotion de l'égalité et du droit à la différence. Cette participation embrasse tous les champs de vie de notre société. L'enjeu est de créer du collectif sur l'individualisation-interterritorialité de plus en plus généralisée pour les citoyens.

Une expérience et de nouvelles demandes

La composition de l'assemblée active a évolué sur les 6 années. Sur l'ensemble des membres désignés par leur organisation, ceux qui ont travaillé au Conseil de Développement l'ont fait avec l'accord de leur organisation. Leur présence s'est révélée faible. Sur l'ensemble des membres nommés, ceux qui ont travaillé au Conseil de Développement sont ceux qui ont pu trouver du temps disponible et qui avaient d'une manière ou d'une autre une fibre pour la chose publique locale. Heureusement le Conseil de Développement avait pris des dispositions pour s'ouvrir à la population (commissions, réunions plénières, réflexe vélo, réflexe logement, porteurs de projets, invités permanents ...) et en 2007 le nombre de membres de ce type représentait presque la moitié des participants actifs. Cela montre que beaucoup d'organisations n'admettent pas de partager publiquement leurs problématiques ou de s'engager dans des solutions collectives. Cela montre aussi que le Conseil de Développement s'est toujours redynamisé dans l'action. Des réunions qui ne sont pas sous-tendues par des projets ne vivent pas longtemps.

Les futurs Conseils devront donc être un mélange entre, d'une part, des personnes désignées par des structures et des personnalités qualifiées, qui devront accepter formellement cet engagement et, d'autre part, des personnes invitées ou qui s'invitent. Les administrations régaliennes (comme l'armée, la police, la justice) auraient leur place, probablement délicate dans un Conseil de Développement. Les administrations territorialisées (le logement, la santé et l'éducation notamment) ont évidemment toute leur place, mais le veulent-elles ?

Le rapport avec les associations doit également être précisé. Le Conseil de Développement ne doit pas chapeauter les associations ; l'expérience a montré que, au contraire, le Conseil de Développement était pour les associations un lieu intéressant pour l'information et les relations avec d'autres personnes et d'autres institutions.

Ce qui nous fait dire que le Conseil de Développement regroupe les forces vives du territoire de la communauté d'agglomération, intéressées par le développement de ce territoire a) dans toutes ses relations, internes et externes, avec les autres territoires nationaux et internationaux b) en lien avec la chose publique dans un objectif de gouvernance territoriale.

On voit que l'on s'achemine d'une notion de Conseil de Développement, représentant de la société civile organisée, à une autre notion qui colle avec des aspects de volontariat, d'engagement, de projets.

Le Projet d'Agglomération et la gouvernance

Le Projet d'Agglomération est la pépite d'or du Conseil de Développement : elle existe et on souhaite toujours en trouver une plus belle, Le Conseil de Développement est saisi obligatoirement pour l'élaboration du Projet d'Agglomération ; celui-ci peut s'inscrire dans un périmètre large et être évalué au fur et à mesure des années. Cela ne résout pas tout, il faut encore le mettre en œuvre : de manière directe, la problématique de « gouvernance » est alors posée. Si ce terme de gouvernance se résume à savoir comment se fait le partage du pouvoir, on comprend tout de suite pourquoi ce terme n'est pas accepté : avec un Conseil de Développement ayant une autorité forte, les élus peuvent se sentir déstabilisés. Il est donc nécessaire de définir ce que le Conseil de Développement souhaite ; cela est clairement exposé de cette manière :

Les élus, représentant la démocratie représentative de Grenoble Alpes Métropole, s'engagent dans la promotion et le développement d'une démocratie participative qui va au-delà de la seule information/discussion. Il s'agit de mettre en place une interaction en boucle entre les prospectives, les analyses, et les évaluations avec les décisions prises par les élus. Les élus et les services de la Métro sont en interactivité avec d'une part la société civile, représentée par le Conseil de Développement, et d'autre part, une participation citoyenne avec des objectifs bien définis et des formes adaptées, sur les sujets de prospectives, d'analyses, d'évaluations.

Le Projet d'Agglomération nécessite une forme moderne de dialogue avec la population, pour cela il s'agit de le mettre en débat de manière accessible. C'est aussi une forme moderne d'organisation des services administratifs : la transversalité peut être activée avec des objectifs précis. C'est enfin une forme moderne de partage de la vision portée par les actes de délibérations des élus[43].

Une liberté d'action et un engagement des élus.

Le Conseil de Développement est organisé dans une composition définie par la Métro et selon des règles définies par lui-même. Il est saisi ou peut s'autosaisir. Il engage des réflexions prospectives et mène des évaluations sur tout sujet se rattachant aux projets territoriaux menés par la Métro et les communes qui la composent, le Département de l'Isère, la Région Rhône Alpes. Il invite les personnes pertinentes, il privilégie des relations fortes avec les Conseils de Développement des territoires proches (périmètre du Schéma de Cohérence Territoriale, montagnes, sillon alpin) ;

Le Conseil de Développement est présent dans l'espace délibératif par la référence à ses travaux et aux textes votés par la Métro. A ce titre, ses avis et évaluations font partie des actes délibératifs de la Métro lorsqu'elle a à débattre de ses projets territoriaux. Par ailleurs, la Métro s'engage à répondre dans les 2 mois, par écrit ou par oral dans une réunion plénière du Conseil de Développement, aux propositions faites par le Conseil de Développement dans son rendu d'une saisine ou d'une auto-saisine.

Le Conseil de Développement propose au moins trois valeurs ajoutées : une veille anticipative ancrée sur le présent, une pratique démocratique systémique à l'égard des décisions des élus, une stratégie territoriale partagée.

Une veille anticipative ancrée sur le présent,

Le concept de veille anticipative a été expérimenté sur de nombreux dossiers, par exemple la chimie ou le foncier. Il a servi à tous les dossiers d'importance traités par le Conseil de Développement. Ce concept est porteur d'une grande utilité, il nécessite pour autant certains moyens et le développement de

---

[43] Pour des exemples de projets menés, voir les textes écrits par Eric Angelica qui ont fait l'objet d'interviews et d'écriture claire. Ils sont accessibles sur le site de la Métro.

méthodologies collectives sur lesquels beaucoup de progrès peuvent être faits. Le rapprochement du Conseil de Développement avec la sphère de l'éducation a toujours donné de très bons résultats : stagiaires, travaux de recherche, projets intégrés dans le cursus de formation ... Il s'agit d'aller plus loin pour marier la prospective avec le présent, la vision de l'envie avec le travail sur les opportunités, le mélange des activités professionnelles avec les besoins du territoire. A l'heure de la mondialisation et des pertes d'ancrages des entreprises, ces actions communes ne peuvent qu'être profitables.

Une pratique démocratique systémique avec les décisions des élus

La base des travaux porte sur le projet d'agglomération. Le Conseil de Développement doit en être saisi régulièrement, il doit organiser de façon permanente une évaluation des politiques publiques. Le mode d'échange avec la Métro est une interaction en boucle entre les prospectives, les analyses, les évaluations et les décisions des élus. Bien sûr il faut que les élus acceptent cela. Leur autorité passe par là. Sinon il ne leur restera que le pouvoir qui s'en ira naturellement à l'élection suivante ou qui créera de la déception. Cela ne remplit pas tout le spectre des débats démocratiques. La participation doit être organisée pour toute la population sur chaque projet d'importance de la Métro, ou quand elle est demandée par une partie suffisante de la population. Il est à remarquer que les associations d'habitants auraient besoin d'être plus aidées matériellement par la Métro.

Mais le Conseil de Développement ne doit pas avoir de chèque en blanc : l'évaluation des travaux et des moyens qui lui sont donnés seront débattus en séance plénière avec les élus au moins deux fois l'an dans une configuration expérimentée sous le nom de « Conférence de développement ». Il peut être craint également que les membres du Conseil de Développement parlent pour eux : c'est un risque et c'est sans doute le travail du président, aidé par un solide règlement intérieur, que de faire attention à l'efficacité et à la qualité de la parole en son sein.

Une stratégie territoriale partagée

Dans tous les cas, le Conseil de Développement est un animateur de l'espace public en ouvrant publiquement ses travaux, en organisant des réunions, en utilisant l'espace Internet http://conseil-dev.la-metro.org/, tant pour ses initiatives que pour ses comptes rendus. Il anime notamment cet espace public au niveau des communes : le Conseil de Développement doit être leur partenaire reconnu.

Une idée nouvelle serait que le Conseil de Développement organise annuellement un « Forum des corps intermédiaires » qui permettrait de faire connaître des pratiques de l'économie et du développement, de donner la parole à des porteurs de projets et de partager la stratégie territoriale autour du Projet d'Agglomération.

ANNEXE 2 - LA COORDINATION NATIONALE DES CONSEILS DE DEVELOPPEMENT

Marie-Christine Simiand[44]

Le 14 mars 2002, des Conseils de Développement se réunissaient à Lyon sur l'initiative des présidents des Conseils de Lyon et de Nantes dont la démarche était antérieure à la loi Voynet. Cette loi laissant toute liberté d'organisation et de fonctionnement, l'échange d'expérience était primordial et justifiait pleinement de se retrouver deux fois par an pour s'informer mutuellement et débattre. Par la suite, des rencontres eurent lieu à Nantes en octobre 2002, à Nancy en juin 2003 à Grenoble en janvier 2004, à Lille et Dunkerque en octobre 2004, à Saint Quentin en Yvelines en juin 2005, à Perpignan en octobre 2006 et à Plaine Commune en novembre 2007. Ce fut chaque fois l'occasion d'échanger sur les modes de fonctionnement respectifs et sur les travaux engagés.

A Nancy on commença à parler de Coordination Nationale. A Grenoble on mit à disposition des fiches descriptives d'une

---

[44] Présidente du CARNACQ, Carrefour National des Associations d'habitants et Comités de Quartier

trentaine de Conseils, qui apportèrent de précieuses indications à ceux qui se lançaient dans cette démarche; le manifeste qui présentait "13 Propositions pour Développer la Démocratie Participative" fut aussi adopté à Grenoble. A Saint Quentin en Yvelines l'élargissement de la Coordination Nationale amorcé à Lille se concrétisa avec la présence de Conseils de Développement de pays. Les prochaines rencontres devraient d'ailleurs avoir lieu au pays de Saintonge Romane, avec le soutien solidaire d'autres Conseils de Communautés Urbaines et d'Agglomération qui disposent de plus de moyens. A Perpignan, le sujet de l'élection des élus communautaires donna lieu à des débats animés

En novembre 2007, une charte a été adoptée lors de la réunion des présidents de Conseils de Développement aux rencontres de Plaine Commune (voir http://www.plainecommune.fr/page/p-303/art_id). Cette charte reprend l'historique de la Coordination et ses principaux objectifs :
- l'organisation de rencontres
- la communication interne à travers le développement d'un site Internet, véritable espace ressource, la mise en réseau, la mutualisation des travaux
- la communication externe pour permettre une meilleure lisibilité et valorisation des Conseils de Développement et de leur contribution à la réflexion nationale et promouvoir des recommandations partagées, à travers la réalisation d'une Newsletter et la communication à l'occasion des rencontres nationales et la participation de représentants de la Coordination lors de colloques ou de débats régionaux ou nationaux.
- la formation des animateurs et des membres des Conseils
- la promotion de la démocratie participative et la mobilisation de la société civile

Aujourd'hui la Coordination Nationale est en pleine réflexion ; elle recherche la forme d'organisation à la fois souple et efficace qui lui permettra de remplir au mieux les missions qu'elle s'est fixée.

ANNEXE 3 - LE DEPARTEMENT EST-IL UN ECHELON INUTILE ?

Denis Fabre[e45]

On prendra comme exemple le Département de l'Isère, qui a engagé depuis 2002 une démarche progressive de territorialisation de son action.

Il y a d'abord eu une réflexion conjointe avec les services de la Préfecture sur un découpage optimal en "bassins de vie" cohérents, visant pour le Département, à mettre à jour le périmètre des circonscriptions d'action sociale à partir des nouvelles réalités politiques et démographiques. Simultanément mûrit l'idée de réformer le régime des aides départementales aux investissements des communes et des EPCI. Il s'agit à la fois de rechercher une meilleure consommation des enveloppes de crédits votés, d'inciter les collectivités à hiérarchiser et à programmer leurs projets, de rationaliser les réponses aux besoins des territoires et de mieux adapter les aides du Département aux spécificités de chaque territoire. Une expérimentation se déroula de 2004 à 2006 sur 5 territoires-tests, dont les conseillers généraux étaient "volontaires" et ont convaincus les communes de tenter l'aventure.

Pendant ce temps un projet de découpage territorial a fait l'objet de quelques ajustements et d'une validation par l'assemblée départementale. Il traduit un compromis entre plusieurs préoccupations:
- Respecter les périmètres des intercommunalités, des pays et, si possible, des cantons,
- Prendre en compte les réalités géographiques, historiques et sociologiques, dans le cadre d'un projet de territoire,
- Assurer un service de proximité sur l'ensemble du territoire isérois, y compris dans les secteurs les moins peuplés
- Prendre en compte, chaque fois que possible, les découpages antérieurs

---

[45] Conseil Général de l'Isère - Directeur adjoint à l'aménagement du territoire

Les transferts de compétences de la deuxième vague de décentralisation amènent en effet trois évolutions majeures pour la structure départementale :
- un changement de taille : passage de 3.000 à 4.500 agents
- un effectif territorialisé qui triple et devient prépondérant : 2 agents sur 3 sont sur le terrain, "en territoire",
- une présence territoriale qui se diversifie sur plusieurs métiers

Une déconcentration méthodique des services est donc mise en chantier pour adapter l'organisation départementale à cette nouvelle réalité. Ainsi il y aura en moyenne par direction territoriale : 240 agents, un siège de territoire (40 agents), 20 sites, 4 antennes routières, 7 collèges, 8 antennes médico-sociales...

La constitution des directions territoriales à partir des effectifs des structures territoriales existantes, des agents à rattacher aux territoires (assistantes familiales, emplois jeunes des collèges...) et des TOS a été mise en place au 1er janvier 2006. Elle s'accompagne de la déconcentration des fonctions dans les domaines des ressources, de l'APA (équipes médico-sociales) et de l'encadrement des personnels des collèges.

En mars 2006 l'assemblée départementale a adopté une importante délibération qui met en place simultanément, d'une part les 13 territoires, les 13 directions territoriales et les 13 Maisons du Conseil Général ; et d'autre part la réforme des aides du Département aux investissements avec la généralisation des contrats territoriaux, à raison d'un par territoire.

En résumé, on a donc un triptyque :
- Les projets de territoire qui visent à adapter la politique du Conseil Général aux spécificités de chaque territoire
- Les contrats territoriaux qui permettent de négocier avec les collectivités, territoire par territoire, les projets et leur financement
- L'organisation territoriale des services qui répartit et structure la présence de 2600 agents sur 260 sites.

Cette réforme de l'organisation et de l'action départementale est maintenant en œuvre depuis le 1er janvier 2007. On peut considérer que cette évolution devrait avoir un impact certain et assez évident sur la relation des citoyens avec l'administration départementale, moins évident ou moins direct en revanche sur le fonctionnement de la démocratie locale et notamment de la participation.

Avec davantage de recul, il sera intéressant de d'évaluer :
- les effets de la généralisation des régimes contractuels de relation entre collectivités sur la prise en charge de l'intérêt général…,
- les effets, sur l'avenir des communes, d'une logique qui vise à privilégier, dans un but de rationalité et d'économie des ressources publiques, les projets intercommunaux, …
- les effets de la proximité, considérée de plus en plus comme une vertu, alors qu'elle n'est qu'un état, sur la qualité du traitement des problèmes sociaux, économiques, environnementaux…

La carte des secteurs : http://www.cg38.fr/10588-13-territoires-isere.htm

CHAPITRE 6 – LES OBSTACLES À LA PARTICIPATION ASSOCIATIVE

Jean-Pierre Charre[46]

« La démocratie locale, c'est le gouvernement du territoire par le peuple qui l'habite. Elle a pour objectif de permettre aux personnes d'un territoire, puisque c'est sur un territoire qu'elles se rencontrent le plus couramment, de se rassembler pour administrer ensemble les affaires communes » (Jacques Remond). Elle pose les questions de l'accès à l'information, du positionnement de l'association, du rôle de l'habitant et de la compétence technique.

L'accès à l'information

C'est la condition d'un débat démocratique de qualité. Le problème est double : avoir tous les outils et documents détenus ou élaborés par le « fonctionnaire » et mis à disposition des élus ; en retransmettre le contenu sous une forme assimilable par tout un chacun.

Comment les habitants peuvent-ils avoir la même expertise que celle apportée par le fonctionnaire à l'élu et comment mettre celle-ci à la disposition du plus grand nombre ?

---

[46] Ce chapitre rend compte des travaux de l'atelier éponyme du colloque « Démocratie locale : osons innover ». Il a été nourri par le texte introductif de Jacques Remond, responsable de l'atelier, membre de l'Observatoire Parisien de la Démocratie Locale, ancien président du Carrefour National des Associations d'habitants et Comités de Quartier ; par les « réflexions » sur ce texte écrites par Pierre Dutel, Les Associations d'Habitants du Grand Grenoble : Lien et Ouverture (LAHGGLO) ; par les textes des deux intervenants, Guillaume Gourgues, doctorant en science politique, UMR PACTE, Institut d'Etudes Politiques de Grenoble et Direction de la Prospective, de l'Évaluation et des Relations aux citoyens, Région Rhône-Alpes ; Benjamin Audoye, doctorant en droit public, Université des Sciences sociales, Toulouse 1, Commissaire Enquêteur en Haute Garonne ; par les apports oraux des participants à l'atelier, par des prélèvements sur les séances d'ouverture, de cadrage, de restitution et de débat, et par des contributions du rapporteur, Jean-Pierre Charre, agrégé, docteur, UMR PACTE, Institut de Géographie Alpine,Grenoble 1, consultant, Comité de Liaison des Unions de Quartier de Grenoble et LAHGGLO.

Le positionnement de l'association

Afin d'intervenir au mieux dans le débat démocratique, l'association doit définir sa relation avec les décideurs et les autres associations. Faut-il que l'association soit reconnue officiellement pour être acteur de la démocratie locale ? Ou doit-elle être capable, par sa réflexion interne, son travail collectif et sa représentation extérieure, de rendre sans objet la « reconnaissance » par celui avec lequel elle va débattre ?

Va-t-il y avoir collaboration ou concurrence entre associations ? Une association peut se trouver seule face à ses interlocuteurs ; mais, s'il y a d'autres associations qui travaillent sur les mêmes sujets, elle doit être capable de construire un dialogue pour qu'elles avancent ensemble et soient ainsi meilleures. Dans ce cas, l'autre association ne devient-elle pas un concurrent à redouter parce que susceptible d'obtenir plus de moyens, d'être mieux « en cour », de communiquer mieux ? Comment être à la fois soi-même et travailler avec d'autres pour partager son soi-même, donc l'enrichir, et ainsi être plus sûr de convaincre, de gagner ?

Le rôle de la personne

Ces dernières années, a été découvert le rôle de l'habitant, qu'il faut absolument trouver, rencontrer, écouter, vers qui il faut se tourner. Heureusement, les développements de l'enseignement et des technologies de l'information et de la communication ont rendu le citoyen plus éduqué, plus informé, plus critique et plus apte à penser, réfléchir, construire une idée et la transmettre. L'homme d'aujourd'hui n'est plus, sur ce point, l'homme d'hier : il a une capacité personnelle de participation à la vie démocratique qui elle-même a dû s'ouvrir de gré ou de force au citoyen.

Le citoyen lambda, notamment, utilise internet. Il est ainsi capable, par exemple, de trouver les appels d'offres que des collectivités territoriales, par souci de discrétion, ne font pas passer dans la presse locale, ou encore de lire les articles du Code de l'Urbanisme fixant les modalités de concertation sur les actions ou opérations d'aménagement. En outre, le citoyen informé est capable de transmettre instantanément l'information urbi et orbi. Après l'affiche, le journal, la circulaire et le téléphone, l'électronique soutient la démocratie.

La compétence technique

Une compétence technique solide est indispensable. Pour le bon fonctionnement de la démocratie locale, qui suppose à la fois du désir de vivre ensemble, du temps et de la compétence. Pour obtenir la « reconnaissance » de l'association, qui doit être le fruit de sa compétence. Pour éclairer la présentation des différents « variantes » que doit sous-entendre tout projet. Pour assurer la qualité du travail et des propositions de l'association ou de l'habitant.

Tout projet, toutefois, n'a pas les mêmes exigences en matière de compétence et n'est pas également favorable à la participation citoyenne. Certains domaines semblent a priori plus « techniques » que d'autres, possédant leur propre langage et une forte clôture technique, par exemple les transports, dont l'ingénierie constitue une filière importante de formations universitaires en direction des collectivités. Le citoyen lambda entrera plus aisément dans l'élaboration d'une politique socio-culturelle que dans le réaménagement urbanistique d'un quartier ou l'élaboration d'une politique de transports au niveau d'une agglomération.

Outre ces conditions globales, la démocratie locale suppose un heureux fonctionnement du « triptyque » élu, expert, habitant (individuel), auquel correspondent municipalité, administration, association (collectif).

LA TRIADE TECHNICIENS-ELUS-CITOYENS

L'enjeu de la participation, c'est-à-dire de donner à chacun l'envie de faire entrer son « rêve » personnel dans le projet collectif, passe à travers trois légitimités, qui œuvrent dans le processus décisionnel et sont souvent perçues comme des pouvoir qui s'affrontent. L'élu et sa légitimité de représentation, le technicien et sa légitimité d'expertise, le citoyen et sa légitimité de pratique, forment un triangle au centre duquel se situe, pour les habitants, les usagers et les citoyens, la possibilité de participer à l'élaboration des politiques publiques locales. Une grande partie des obstacles à la participation des associations à l'action publique se situe entre ces trois pôles.

La légitimité de l'élu ne saurait être discutée et elle est d'ailleurs parfois invoquée en dernier recours, quand la concertation n'a pas créé le consensus, pour justifier une décision (« vous nous avez élus pour faire cela »), mais les deux autres légitimités ne sont pas assurées. Elles ont des faiblesses spécifiques. Celle du citoyen est de « passer du « je » au « nous », celle du technicien de vivre sans Vérité.

Le passage de l'intérêt individuel au bien collectif

« Pour que les habitants « forment communauté », il faut la force et l'exubérance de la proximité » (Pierre Dutel). Ce terme de « proximité » amène la question de l'aire de compétence : dans le « mille-feuille » de nos institutions territoriales, quelle est la bonne taille pour chaque type de question ? Pour certains, le quartier est la cellule de base pour construire une ville. Les Unions (ou Comités) de Quartier sont alors la brique élémentaire de la démocratie, car les hommes et les femmes simples s'expriment auprès de leurs familiers, des gens du quartier qu'ils connaissent. Pour beaucoup, le niveau de gestion reste la commune, mais, pour d'autres, il faut monter au niveau de l'agglomération, il faut une démocratie locale d'agglomération, pas seulement de quartier. Mais alors, comment, par exemple, faire partager les objectifs d'un SCOT (Schéma de Cohérence Territoriale) aux centaines de milliers d'habitants concernés ?

Quel que soit le territoire d'application de la démocratie « locale », qui ne saurait être réduit à l'espace où l'on habite, (car celui-ci est en interaction avec les espaces environnants et s'imbrique dans d'autres espaces : ceux où l'on travaille, où l'on fait ses achats, où l'on prend ses loisirs), il faut nettement distinguer l'habitant et l'association.

Il s'agit de « deux niveaux non assimilables » (ibid.), à replacer dans le phénomène de participation. Quelle peut être la place du projet individuel dans le projet collectif ? Selon les différents degrés de participation que sont l'information, la consultation, la concertation, l'habitant peut se positionner soit comme celui qui donne sa confiance à l'élu porteur de son mandat et éventuellement se contente d'information, soit comme celui qui entre dans le tour de table de la concertation, avec tout l'engagement que cela représente au delà de la seule réaction « épidermique ». Il revient à l'élu de décider du type de participation qu'il organise. Et, dans ce « crescendo » de la participation, le passage du « je » au « nous » se réalise. L'habitant/citoyen se trouve devant la nécessité incontournable de se rapprocher d'autres hommes pour que sa réflexion prenne en compte le bien commun collectif, de nature éventuellement différente et censément prioritaire devant le bien personnel individuel.

Comment un citoyen plus savant, plus communicant et mieux outillé va-t-il être acteur de la démocratie du lieu qu'il habite ? Comment « faire association » et bâtir un bien commun partagé par tous ? Comment transformer la parole individuelle en bien collectif ?

La tendance actuelle des nouvelles institutions locales, comme les conseils de quartier, mais aussi toutes les sortes de conseil consultatif imaginables (jeunes, personnes âgées, ressortissants étrangers, etc.), est de considérer que la démocratie progresse en donnant, dans l'écoute et le dialogue, la première place au citoyen/habitant, quitte à ce que d'autres partenaires, comme les associations, soient invités à compléter le tableau. Ensuite, l'élu décide « en son conseil » ou tout seul,... Il faut alors se demander à la fois comment l'individu/citoyen peut cohabiter dans de telles institutions avec l'association et comment, à l'inverse, l'association peut y jouer son rôle : l'un et l'autre peuvent-ils échanger et parvenir, malgré leurs postures différentes, à exprimer, éventuellement avec l'aide des fonctionnaires/experts/techniciens, des discours différents mais cohérents sur un sujet et éviter la cacophonie et l'arbitrage personnel de l'élu ?

L'intégration du désir individuel à la demande collective n'est pas nécessairement aisée, et la prise en compte de l'un comme de l'autre dans la décision politique n'est pas aisément assurée.

Une Vérité introuvable

Contrairement à ce que l'on croit souvent, il n'y a pas de vérité technique. Celle-ci est disputée et tout technicien est pris dans des « rivalités d'expertise ». L'introduction d'un nouvel élément, comme « l'expertise d'usage » qu'apporte l'habitant, équivaut à exacerber la lutte pour le monopole de l'expertise technique, qui est un enjeu de pouvoir et de légitimité, pour les techniciens comme pour les élus. Partager l'expertise, c'est entrer dans la lutte et le doute.

Comme cela peut amener la remise en cause des avis ou projets du technicien, celui-ci a tendance à faire de son domaine une « chasse gardée », à éviter que d'autres y pénètrent, car, pour projeter et agir, il a besoin d'une vérité et, comme celle-ci est relative, il n'est guère enclin à une mise en question qui mettrait en péril la conduite de son intervention, voire sa réussite. D'ailleurs, le technicien ne saurait être complètement neutre, car son action repose sur une « éthique de conviction ».

Il n'y a pas non plus de monopole d'expertise. La production des experts est « plurielle » et chacun d'eux s'attache à disqualifier ses congénères. Cette pluralité, doublée de rivalité, ouvre au citoyen la possibilité d'entrer dans la lutte d'expertise, à condition qu'il ait lui-même acquis une capacité d'analyse suffisante pour entrer dans les « batailles d'expert » et les utiliser en faveur de son choix (cf. infra : Le partage de la compétence).

Dans la rivalité entre les trois légitimités, celles du citoyen et du technicien, qui pourraient paraître fortes par rapport à celle de l'élu, laquelle est incontestable mais éphémère - il n'en est investi que jusqu'à la prochaine échéance électorale -, sont ainsi affaiblies. Les relations entre les trois côtés du triangle s'en ressentent.

LA RELATION TECHNICIEN/CITOYEN

Le technicien, le fonctionnaire, l'expert : ces termes regroupent les personnes chargées, sous l'autorité des élus, de l'aide à la conception, à la réalisation et à l'application des politiques publiques. Leur activité est en règle générale sectorielle, ce qui permet de les qualifier de techniciens, puisqu'ils sont souvent spécialisés dans un domaine d'intervention particulier.

Curieusement, sont rarement évoqués les experts ressortissant des « professions libérales », de l'exercice libre d'une activité à caractère intellectuel. Ils tiennent pourtant, dans l'action publique, une place importante. Ils interviennent, dans les petites communes, pour créer toutes sortes de projets et d'outils ou, dans les grandes communes, pour les actions auxquelles les élus donnent une « valeur phare ». Ils peuvent même avoir un plus grand rôle que les fonctionnaires des collectivités territoriales et des administrations décentralisées de l'État, avec lesquels apparaît d'ailleurs parfois un jeu biaisé ressortant de la rivalité. Cette omission tient certainement au fait que les analyses portent généralement sur de grosses collectivités possédant en interne les capacités d'expertise nécessaires. Le rôle des bureaux d'étude est plus évident lorsqu'il s'agit de petites communes largement ou même totalement dépendantes de ces intervenants libéraux.

Le technicien est un acteur central de l'enjeu de la participation citoyenne, puisqu'il constitue un médiateur important, voire principal, de l'action publique. Par exemple, le traitement des données de la concertation est une tâche assurée, la plupart du temps, par les directions des collectivités locales et non par les élus. Or, le traitement administratif de la participation est une zone relativement obscure de la démocratie participative. Les fonctionnaires influent sur l'impact de la démocratie participative, ils sont en interaction directe dans les instances de concertation, notamment en ce qui concerne la clôture des dispositifs et la limitation de l'impact de la mobilisation citoyenne.

La relation entre le technicien et le citoyen est la plus complexe à appréhender, car elle couvre un large éventail de situations. Le fonctionnaire, face à la participation citoyenne, est à la fois un problème potentiel et une solution envisageable. Il peut être un « frein », « un verrou », un obstacle à la participation, mais il peut également inverser son rôle et constituer un puissant levier de renforcement et de promotion de cette participation. Cette relation passe ainsi, selon une « progression vertueuse », d'une approche réductrice, à la connivence, au chapeautage, à un apport de compétences, à une contribution à l'élaboration de contre solutions, voire à la promotion de la participation.

1 - Le technicien « réducteur »

Pour lui, la « victimisation » est le registre de légitimité dominant : la plupart des techniciens ne reconnaissent la légitimité du citoyen qu'à partir du moment où celui-ci est perçu comme une victime, réelle ou supposée, d'une politique publique. La légitimité de la participation citoyenne n'est alors recevable que dans la mesure où les personnes impliquées peuvent être considérées comme cibles potentielles des politiques publiques enclenchées (les groupes affectés).

Cela révèle, chez le technicien, un haut niveau de conscience morale dans l'exercice de ses fonctions, mais montre que la reconnaissance d'une légitimité citoyenne n'est pas acquise, loin de là. Le citoyen n'a pas de facto de légitimité : il faut pour cela que sa relation aux effets de l'action publique soit prouvée. Cette perception a des conséquences directes : d'une part, le champ des discussions ouvertes est restreint ; d'autre part, les initiatives basées sur l'existence d'une légitimité citoyenne générale (atelier citoyen, référendum, sondages) ont un impact quasiment nul sur le fonctionnaire, qui considère ces initiatives comme une perte de temps ou totalement déconnectées des réalités. La participation citoyenne est ainsi régulièrement remise en question par le registre de légitimation dominant chez les fonctionnaires.

Pour effacer la parole citoyenne autre que celle des victimes potentielles de l'action publique, le fonctionnaire peut développer des dynamiques de rétention, d'élagage des demandes et de disqualification. Il peut faire de la rétention dans les deux sens : soit il ne donne pas aux habitants les informations qu'il détient, soit il ne retransmet pas aux élus ou à ses pairs les observations ou les demandes émanant des habitants. Il peut aussi disqualifier son interlocuteur par divers moyens, en utilisant la méconnaissance de la répartition des compétences et en renvoyant l'habitant vers un autre service, ou en utilisant le jargon en cours dans son activité, ou encore en utilisant des sigles[47] ou évoquant des outils, des lois et règlements qui ne sont pas nécessairement d'usage courant.

2 - Le technicien « collègue » et « chapeauteur »

Dans certains cas, notamment en aménagement du territoire, c'est la connivence avec le citoyen et le chapeautage de celui-ci qui deviennent la forme habituelle de relation.

---

[47] Extrait d'un article d'humeur et d'humour à vocation pédagogique, intitulé « Nouveaux sigles, nouveaux outils », publié en 2006 dans le bulletin d'une Union de Quartier grenobloise : Pour gérer le territoire communal, la Municipalité, suivant la loi SRU (Solidarité et Renouvellement Urbain), élabore un PLU (Plan Local d'Urbanisme, qui remplacera le POS (Plan d'Occupation des Sols). Le PLU s'intègrera au SCOT (Schéma de Cohérence Territoriale), qui remplacera à terme le SDAU (Schéma Directeur d'Aménagement et d'Urbanisme). Il sera bien entendu en cohérence avec le PDU (Plan de Déplacements Urbains), que rend obligatoire la loi n° 96-1236 du 30 décembre 1996 (sur l'air).

Dans le cas de la construction de lignes à grande vitesse, la confrontation des fonctionnaires avec les contestation des riverains bouscule leurs représentations professionnelles et les pousse à chercher de nouveaux modes de légitimation et de nouveaux rôles (animateur, porteur de projet, entrepreneur). Toutefois, les apprentissages croisés qui s'opèrent entre techniciens et citoyens dans les dispositifs de démocratie participative butent sur un obstacle potentiel à la participation : celui du verrouillage par les rouages administratifs. Le containment de la démocratie participative opéré par les techniciens impliqués dans un processus décisionnel élargi, dont ils cherchent à maîtriser les règles, peut faire craindre un découragement progressif des associations et des habitants à prendre part aux « instances officielles » de la participation citoyenne.

Dans un autre cas, celui des « comités de lignes », l'insertion des usagers dans la gestion du réseau ferroviaire a été l'occasion de comprendre en quoi la confrontation entre fonctionnaires et citoyens peut être à la fois une solution et un problème : solution parce que, effectivement, les techniciens sont à présent confrontés à une représentation d'usagers leur adressant directement des critiques souvent virulentes (participation citoyenne qualifiée « d'usagère »). Peu à peu, cette nouvelle donne est acceptée, intégrée dans le traitement administratif, et les comités de ligne deviennent une composante forte de la gestion du réseau ferroviaire régional.

Problème aussi, car les usagers sont peu à peu intégrés dans un jeu de tension d'expertise entre SNCF et Régions, qui a pour conséquence une « technisation » des débats. Les usagers qui parviennent à s'y insérer sont pour la plupart des responsables associatifs, souvent d'anciens cheminots, qui possèdent une maîtrise technique avérée. Les « profanes » doivent intégrer les normes de langage, les codes techniques et les principes de base d'un débat ferroviaire marqué par une forte tradition de métier, sous peine d'être disqualifiés (absence ou faible prise en compte des prises de parole). Les comités de ligne montrent que la participation citoyenne institutionnalisée auprès de techniciens peut s'aligner sur les normes imposées, même inconsciemment, par ces spécialistes. L'usager profane a beaucoup de mal à trouver sa place dans de tels débats, qu'il y vienne seul ou en structure associative.

Le fonctionnaire, confronté à une contestation/participation citoyenne forte ou avertie, peut ainsi, soit chercher de nouveaux rôles dans les organismes de base et exercer son pouvoir dans les structures décisionnelles de plus haut niveau, soit constituer avec certains usagers un amalgame de maîtrise technique partagée qui ne permettra guère au profane d'entrer dans la discussion et de se faire entendre.

Les vices du traitement administratif de la participation citoyenne n'empêchent pas les fonctionnaires de constituer aussi une ressource.

3 - Le technicien « actif »

L'élu a tendance à se décharger/défausser sur le fonctionnaire ou le prestataire. Le silence du technocrate d'hier est remplacé par la faconde du fonctionnaire d'aujourd'hui. Le technicien devient actif, prosélyte, engagé, voire hyperactif, et visible.

Il joue un rôle généralement majeur, voire exclusif, dans le montage du projet, dans la décision théoriquement collective et dans l'exécution de la décision publique, qui passe par l'élaboration de la commande publique et le suivi de sa réalisation. Il a élaboré le cahier des charges, qu'il a ensuite soit mis en œuvre lui-même s'il a été chargé de monter le projet, soit suivi dans sa mise en œuvre si le montage a été confié à un prestataire libéral. C'est le technicien territorial et/ou le prestataire libéral qui connaissent le mieux le projet, ses objectifs, les contraintes, les potentialités, et qui ont éventuellement procédé à l'étude des variantes possibles.

Cette phase d'étude, succession d'analyses, d'élaboration de projets et contre-projets, de choix, le technicien ne souhaite guère l'exposer publiquement, car cela nécessiterait chez l'interlocuteur une sérieuse capacité à suivre les péripéties d'une parturition souvent difficile. Elle correspond généralement à un moment de silence, voire de secret, qui irrite le citoyen. Récemment, dans une lettre au Maire de Grenoble, un groupe de travail sur le centre ville notait que « les habitants passent par des cycles insatisfaisants de « communicationnite » et « réunionnite » aiguës suivis de périodes de grand silence, sur les actions en cours ou censées être en cours ». Il disait le « désir d'être informés régulièrement et globalement, afin d'être acteurs du développement de [leur] quartier ». Il demandait « la mise en place d'une vraie concertation, se déroulant dans la continuité et la confiance, qui supposent l'une et l'autre une information permanente ».

De cette phase de réflexion, comportant un va-et-vient entre élus et fonctionnaires ou prestataires, sort généralement un projet, pas plusieurs, mais un seul. Le grand reproche qui est fait au système décisionnel, c'est d'aboutir à une seule solution alors que les citoyens souhaiteraient avoir le choix entre plusieurs. Il est rare que le système débouche sur plusieurs scénarios, dont les avantages et inconvénients seraient exposés et ouverts à la discussion.

L'information sur ce projet vient généralement sous forme de réunion publique. L'élu décide de son organisation, sélectionne éventuellement les invités, évacuant les pires et/ou les meilleurs, et/ou écrasant la qualité sous la quantité, il signe la convocation, ouvre la réunion par quelques mots et laisse les experts la mener. C'est presque toujours le fonctionnaire ou le prestataire qui présente le projet. C'est lui qui l'a construit ou co-construit, c'est lui qui le maîtrise, il n'y a pratiquement que lui qui puisse l'expliquer. L'élu préside et domine théoriquement, mais il est souvent inexistant, malgré les indices visibles de son importance que sont le niveau hiérarchique de « son » technicien ou le prestige du libéral jouant le rôle principal et le nombre de figurants du service public ou de l'agence privée qui l'accompagnent.

La discussion qui suit habituellement la présentation « power point » initiale est généralement décevante, car le citoyen réagit à un projet qu'il vient souvent de découvrir, dont il ignore les variantes et dont il n'a pas eu le loisir d'analyser les avantages et inconvénients. L'élu donne la parole aux membres de l'auditoire, utilisant parfois la technique consistant à prendre plusieurs questions à la fois, de façon à éliminer, lors de leur récapitulation, celles qui sont gênantes. Il répond lui-même sur certains points, mais renvoie souvent les questions au fonctionnaire ou au prestataire qui, ayant travaillé durant des mois sur le projet, a, bien entendu, réponse à tout. Il est rare que « l'expertise citoyenne », exercée ainsi sur le vif, mette sérieusement en question un aspect du projet.

Le dialogue ultérieur visant à perfectionner le projet, et qui peut s'échelonner sur des mois, consiste parfois en nouvelles réunions publiques, mais plus souvent en contacts directs et parcellaires entre des habitants ou des associations et le « chef de projet ». Le contact avec l'élu chargé du projet est alors exceptionnel.

Le technicien se retrouve ainsi créateur, monteur et porteur du projet. Il arrive même qu'une oreille avertie ait l'impression que l'élu entonne le « chant » du technicien, alors que c'est le technicien qui devrait suivre les indications de l'élu, lui-même représentant le peuple dont le technicien et l'élu ont pour mission d'assurer le mieux-vivre.

Ensuite, le technicien s'attelle à la mise en œuvre du projet. Il est l'un des rares à connaître les arcanes de la commande publique (les modalités d'exécution de la décision publique), les subtilités et évolutions du code des marchés publics (Circulaire du 7 janvier 2004), la nomenclature des fournitures et des prestations de services (Article 27 du code des marchés publics 2001). Il rédige les appels d'offres, analyse les réponses, suivant divers paramètres, parfois énoncés et pondérés dans l'appel d'offres, parfois créés par le jury, et il participe au classement des candidats. Enfin, il suit l'exécution du projet par les maîtres d'œuvre et les entreprises, lors de « réunions de chantier » d'ordre hebdomadaire, au cours desquelles se prennent, au fil de la progression des travaux, mille et une décisions.

« La question finale est de savoir, dans un projet comportant divers désaccords, aussi bien idéologiques que pratiques, comme l'achèvement du contournement routier nord de Grenoble (faut-il le faire ? Si oui, où doit-il passer ?), quelle est, entre la volonté politique du commanditaire et les apports de ses techniciens, de ses prestataires (chargés d'études), et délégataires (chargés de réaliser le projet), la marge de manoeuvre des citoyens » (Jean-Pierre Charre).

4 - Le technicien « médiateur »

Non seulement le technicien est de plus en plus « actif », mais on observe en outre une sorte de renversement du rôle des fonctionnaires, avec la montée en puissance d'une catégorie originale : les chargés de mission démocratie participative, dont la fonction est de promouvoir la participation citoyenne aux politiques publiques. À la différence des autres fonctionnaires, qui perçoivent ce type de mission comme périphérique par rapport à leurs activités principales, ces fonctionnaires se consacrent à la participation. Ce « technicien nouveau » est chargé d'assurer l'interface entre les habitants et la machinerie décisionnelle, en effectuant un travail de relation, de persuasion, de consultation, dans le but idéal d'assurer la « co-production » de l'action publique.

Au contraire du technicien habituel, connu comme « spécialiste », ce technicien travaille dans la transversalité. En fait, une double transversalité : l'une thématique (de champ d'action), prenant en compte l'ensemble des demandes des habitants et des projets censés y répondre ; l'autre scalaire (d'échelle territoriale), travaillant à chaque niveau du « mille-feuille », afin d'éviter que les différentes strates s'en tiennent à leur niveau de légitimité et de permettre à chacune d'intégrer sa demande spécifique dans un ensemble harmonisé.

Ce « détournement » des ressources administratives, consistant à user des armes de l'administration contre ses propres réticences, suppose une impulsion politique forte, manifestant la primauté du politique. La machine administrative ne marche que si elle reçoit des ordres politiques clairs. Malgré les possibles mauvaises volontés, l'éventuelle « mollesse » des directives ou les techniques d'évitement sémantique concernant certains termes, comme celui de démocratie participative, les fonctionnaires peuvent devenir, dans un cadre politique clair, de solides promoteurs de la participation citoyenne. De ce fait, l'institutionnalisation de la démocratie participative nécessite une volonté politique permanente et intense, dépassant le va et vient des priorités politiques.

L'administration est une des solutions pour assurer une pérennisation des structures de participation. On sait que l'un des obstacles à la participation est son maintien dans la durée. L'administration peut y concourir. Elle peut elle-même être confortée par le phénomène de verrouillage (lock-in) : une administration dédiée a tendance à maintenir son activité même si l'élu responsable a une baisse de régime ou d'attention, voire est frappé par l'alternance. Toutefois, l'existence de ces chargés de mission peut devenir un problème dans la mesure où la fixation de la démocratie participative sur une catégorie de fonctionnaires cantonne la participation à un champ d'action (le plus souvent, la politique de la ville) et ne déborde que marginalement sur les autres champs. Du coup, le positionnement de ces fonctionnaires au sein de leur appareil est un enjeu fort. La place du chargé de mission dans l'organigramme, de même que le Service dont il dépend, définissent son rôle et sa marge de liberté. Le statut des agents chargés de la démocratie participative est une condition de l'efficacité et de la continuité de leur action.

L'apparition du « chargé de mission démocratie participative » se fait sous des auspices contrastés. Il est dépendant d'une volonté politique et de son positionnement administratif. Il peut contribuer à garantir la pérennité des structures de participation, même si c'est dans le souci de pérenniser son emploi, et il peut aussi contribuer à réduire le champ thématique des discussions. L'analyse de cette variété nouvelle de fonctionnaire ne fait curieusement aucune référence à la vigueur de l'interlocuteur citoyen, qui est pourtant sa raison d'être.

LA RELATION ELU/CITOYEN

De toutes les tensions envisageables entre les trois pôles que constituent l'élu, le technicien et le citoyen, la plus manifestement problématique reste la relation élu/citoyen. La crise de la représentativité, la montée en puissance de nouveaux modèles démocratiques et les laborieux changements de mentalité des élus ont d'ailleurs constitué un sujet de réflexion important des écrits de science politique sur la participation citoyenne.

Curieusement, l'habitant prête moins attention à l'élu qu'au fonctionnaire. Cela tient peut-être à la durabilité de ce dernier qui, si sa fonction est principalement d'ordre technique et ne comporte guère de responsabilité politique, peut, malgré les alternances, rester en poste durant des décennies et devenir ainsi, par sa formation initiale, son expérience et sa mémoire, incontournable. Cela tient peut-être à la technicité croissante des questions concernant la gestion de la ville, à la conscience, chez le militant associatif, de ne pas posséder, sauf exception, la connaissance technique dont dépendent les réponses à ces questions, et à la crainte perpétuelle d'être « manipulé » par le détenteur de cette connaissance. Cela tient peut-être au fait que le citoyen se sent plus proche de l'élu, éventuellement connu avant son élection, et qu'il a, au moins théoriquement et de toute façon à intervalles réguliers, la possibilité de ne pas le réélire. C'est peut-être aussi que l'élu peut s'avérer ne pas posséder la connaissance, même s'il est habituellement issu du monde politique ou associatif et a ainsi pu acquérir une part de cette connaissance, et que, de toute façon, il n'a pas été élu sur un critère de compétence. Il peut être quidam et le redevenir. se rapprochant ainsi du militant, qui en principe est aussi quidam.

LA RELATION TECHNICIEN/ELU... ET CITOYEN

Le « duo élu - technicien » est fondamental. C'est une relation relativement balisée, située entre deux tensions opposées. D'un côté, le technicien est fort car il possède la maîtrise des dossiers et, habitué à évoluer avec l'élu dans une relation duale dont il maîtrise le cadre et les règles, il parvient à conserver des marges de manœuvre, à influencer les politiques publiques. Il joue le rôle d'un agent politique actif, il a un « rôle d'initiative ». D'un autre côté, le technicien est faible car il est au service de l'élu et il est de plus en plus fréquemment contractuel, donc statutairement fragile. Les fonctionnaires ont d'ailleurs tendance à s'abriter derrière leurs élus de référence.

Au lieu de cette tension, il faudrait que le technicien accompagne l'élu et que leurs relations soient « transparentes ». Il faudrait réinventer sa posture. Généralement, son statut et sa responsabilité vis-à-vis de son administration et de ses élus ne lui permettent pas d'évoluer librement dans le processus décisionnel. « L'instauration d'un dialogue constructif entre fonctionnaires et habitants, en dehors de la tutelle de l'élu, est une des conditions sine qua non de la pérennisation de la participation citoyenne aux politiques locales. Cette relation peut en outre présenter des avantages. Par exemple, la confrontation des fonctionnaires aux citoyens, par le biais d'instances de participation, peut limiter le recours systématique aux arguments de l'entrave technique, régulièrement employés par les édiles locaux pour justifier l'impossibilité de tel ou tel projet » (Guillaume Gourgues).

Il ne faut pas se faire d'illusion : la relation élu/technicien, qui est une arcane centrale de la prise de décision, ne sera jamais totalement « transparente ». Mais l'intégration du technicien dans la relation élu/citoyen peut favoriser la diffusion de l'information et aider les habitants à comprendre la mécanique décisionnelle et ainsi affiner leur maîtrise du jeu. Car la participation aux politiques publiques demeure, pour les citoyens, un exercice de funambulisme où la transgression des codes de la prise de décision entraîne une disqualification systématique.

Les techniciens adaptent leurs représentations et leurs pratiques à cette nouvelle donne qu'est la triade. Réciproquement, les citoyens doivent apprendre les règles du jeu politico-administratif. Leur légitimité ne pourra s'exercer qu'à travers la prise en compte de la relation élus/fonctionnaires. Il leur faut apprendre à accepter le cadre institutionnel dans lequel fonctionnaires et élus situent le débat et leurs bribes de pouvoir. C'est cet apprentissage qui permettra aux citoyens d'entrer dans le cercle des légitimités croisées. D'où une question cruciale : « les dispositifs de participation menacent-ils les capacités de contestation et de transgression des associations et des protestataires éventuels ? Les dispositifs de participation des habitants, usagers, citoyens, permettent-ils une participation effective des publics visés ou sont-ils étouffés par les contraintes du jeu bilatéral entre élus et techniciens ? » (Guillaume Gourgues).

LA RELATION ELU/CITOYEN/TECHNICIEN

Le « triangle idéal », dans lequel l'habitant apporte « l'expertise d'usage », le fonctionnaire « l'expertise technique », et l'élu la « décision politique » en tenant compte des deux expertises est « trop beau ». Il peut tourner au « trio infernal », dans lequel les relations entre acteurs posent une question apparemment circonstancielle mais importante, l'organisation du débat, et une autre apparemment fondamentale mais soluble, celle du partage de la compétence.

L'organisation du débat

Le dialogue entre les habitants/citoyens/usagers, organisés ou non, les techniciens/experts, les fonctionnaires ou prestataires, les associations thématiques ou territoriales, généralistes ou spécialistes, et les élus, doit être organisé, si l'on veut qu'il ne soit pas un simple « frottement ».

L'analyse des modalités de concertation, par exemple dans la « dualité grenobloise » de la « majorité plurielle de gauche » (seconde Municipalité Destot), montre combien a peu d'influence un citoyen, même averti (cf. infra, le marché de définition). L'organisation du débat démocratique pose problème : le « saucissonnage » de la démocratie en tranches représentative, participative, délibérative, directe, etc. ne peut donner de résultat satisfaisant. Ne faudrait-il pas des espaces de rencontre, y compris dans les assemblées délibératives, pour que les associations s'expriment et proposent ? Des espaces concertés et mis en place par des chartes co-signées et régulièrement mises à jour ? Par ailleurs, dans ce fonctionnement de la démocratie, toutes les associations ont-elles le même rôle : la généraliste qui veut parler de l'ensemble des sujets du « vivre ensemble », la spécialiste thématique et celle qui rend des services ? Le débat devrait se dérouler de façon différente, avec des recrutements différents, selon que le sujet est d'ordre général ou ponctuel, mais en mêlant, si nécessaire, « généraliste » (par exemple, le Comité de quartier) et « spécialiste » (par exemple, l'association des Parents d'élèves).

Le partage de la compétence

Si la question de la compétence et de son partage revient à l'avant-scène au terme de ce chapitre, c'est peut-être que l'auteur, à la fois chercheur, militant et prestataire, a observé, chez les multiples acteurs du processus d'élaboration d'une décision publique, des discours différents, divergents, voire opposés. D'une certaine façon, ces différences sont chose naturelle et bénéfique, car elles expriment la diversité des approches et garantissent la prise en compte des multiples aspects d'une question. Mais le handicap fondamental du citoyen, son infirmité congénitale (qui est de ne pas détenir la compétence, de vivre ainsi dans une perpétuelle défiance vis-à-vis de ceux qui la possèdent, et de sentir, en outre, que cette compétence qu'on lui oppose n'est que relative, ce qui accroît encore sa méfiance) ne contribue guère à faire naître le consensus. Celui-ci supposerait d'abord l'expression de la diversité des positions initiales, condition de la mise en débat des multiples facettes que comporte généralement un problème territorialisé ;

ensuite, au fil d'une démarche associant continuité et échange, l'acquisition d'un langage commun, expression d'une compétence partagée ; et enfin la mise en forme d'un projet consensuel, condition de son acceptabilité sociale et, souvent, de son optimisation technico-financière.

Le technicien peut/pourrait apporter la compétence qui manque au citoyen. Le citoyen, collectif ou individuel, devrait pouvoir recourir à la compétence publique, constituée pour permettre aux responsables démocratiques d'exercer convenablement leurs responsabilités. En tant que « compétence publique », elle doit être ouverte à tous les acteurs du jeu démocratique. À défaut, comme la concertation suppose l'égalité, les associations devraient disposer ou bien de moyens d'expertise ou bien, pour la collecte et la mise à disposition d'études, d'un appui financier.

Le fonctionnaire travaille avec la matière qu'il se constitue pour répondre à sa hiérarchie : études, rapports, enquêtes, etc. Cette matière ne devrait-elle pas être disponible pour les autres acteurs, sous des formes et conditions à mettre en place selon des accords contractuels clairs passés entre les acteurs de cette démocratie ? Mais alors se pose la question de la place du fonctionnaire, expert public. Quel rôle a-t-il vis-à-vis du citoyen ? Est-il seulement le salarié de l'élu qui « l'emploie » ? Peut-il être à la fois au service de l'élu et à la disposition du citoyen ? N'est-ce pas à l'élu, au service duquel est le technicien, de le mettre à la disposition du citoyen ? Comment le technicien peut-il répondre convenablement à tous les acteurs de la construction démocratique ? Peut-il être effectivement à la fois l'expert d'une solution et l'expert d'éventuelles contre solutions ? Ne risque-t-il pas la schizophrénie ?

Des réponses existent. Puisqu'il n'est pas seul, mais fait partie d'un ensemble administratif, cette schizophrénie pourrait être traitée en répartissant les rôles à l'intérieur de l'ensemble. Ou en limitant son rôle. Compte tenu de l'inévitable « déroulement » dans le temps de l'élaboration d'un projet, la place du fonctionnaire n'est-elle pas essentiellement dans le diagnostic et la préparation des objectifs à atteindre, dans l'aide à apporter au choix de l'élu, en laissant à la « concurrence » et à l'imagination la réponse ? C'est d'ailleurs ce que permet la procédure du marché de définition, qui consiste à solliciter des équipes extérieures, généralement pluridisciplinaires, pour monter des projets concurrents entre lesquels élus et techniciens choisissent. Notons toutefois que, en vertu du Code des Marchés Publics, le citoyen, même s'il est compétent :

- ne participe pas au choix des équipes chargées de monter un projet ;
- ne participe guère à l'élaboration des projets, laquelle se fait au cours de réunions de Comités de pilotage qui sont rares (elles sont comptabilisées par le prestataire dans le montant du marché), et qui ont souvent forme de « grands messes », où se croisent des discours hétéroclites et divergents permettant de justifier n'importe quel choix ;
- ne participe pas non plus, au nom du même Code, au choix du lauréat.

Même si le souhait que le fonctionnaire soit aussi à la disposition du citoyen n'était pas réalisé, il y a d'autres moyens que le marché de définition pour réduire sa puissance et accroître celle des citoyens, notamment en donnant à ceux-ci les moyens de solliciter des experts indépendants, ces « libéraux » déjà évoqués, terme dont le radical exprime précisément la liberté, pour qu'ils les aident à analyser la solution préconisée par la puissance publique, voire à monter eux-mêmes la ou les contre propositions.

Les fonctionnaires ne sont pas une entité magique. Ils font un travail normal et leur capacité d'expertise n'est pas exceptionnelle. Elle peut être égalée par les membres d'une association d'habitants regroupant des citoyens qui seraient aussi des experts et qui s'auto-organiseraient. Une pleine maîtrise technique de la part des citoyens, détenue individuellement ou partagée collectivement, acquise au fil de l'expérience ou apportée par des experts, permettant à certains citoyens d'entrer dans des débats très pointus et de tenir tête à des techniciens, est envisageable. Mais elle serait difficile à « potentialiser » et ne lèverait pas tous les obstacles. Ceux-ci résident dans l'attitude du technicien et dans la légitimité de l'association. Chez le technicien, l'apparition de « citoyens professionnels », l'entrée d'habitants organisés dans le débat exacerbent sa lutte pour le monopole de l'expertise. La participation des habitants et la contribution des associations dérangent le système décisionnel élu/technicien auquel manquent souvent l'humilité, la capacité d'accepter une idée que l'on n'avait pas eue. L'élu, qui reconnaît malaisément les associations, les renvoie sur les experts fonctionnaires, qui rejettent la demande pour des raisons techniques.

Dans une association, le ressort de la légitimité est la représentation, qui ne peut être remplacée par l'expertise. Il ne faut pas que la force de l'association vienne d'en haut. La concertation/confrontation ne pouvant se faire avec un citoyen lambda, cela risque de créer une dichotomie entre l'association et les habitants. Pour l'éviter, les associations doivent « médiatiser », engager un « travail de traduction », afin de donner à leurs membres la capacité de lutter contre des opérations de disqualification que peut tenter le fonctionnaire et de « retranchement » derrière les impossibilités techniques ou financières que peut conduire l'élu. De toute façon, une action citoyenne combinant recherche de crédibilité technique, médiatisation de l'information, ouverture sur tous les éléments de la société locale, récolte et mise en harmonie ou en regard des différents avis, analyse critique du projet soumis à débat et mise en forme d'un ou plusieurs contre-projets est un idéal difficile à atteindre.

Lorsque la troïka élu/citoyen/technicien est parvenue, dans les affres de l'affrontement ou la béatitude du consensus, à élaborer un projet, celui-ci est soumis à des procédures décisionnelles ou consultatives qui font question.

FAIBLESSES DES PROCEDURES DE CONSULTATION

Ce sont le référendum et l'enquête publique. La ville de Grenoble a eu le mérite de faire connaître le référendum au reste de la France, dès 1983, à propos du tramway. Cette votation n'était pas une première en France, mais elle a été fortement médiatisée : citoyens, politiques, universitaires, membres d'associations eurent devant les yeux l'expérience de quelque chose d'avant-gardiste, quoique réalisé dans le silence de la loi. En effet, il a fallu, avant que le législateur les reconnaisse, attendre 1992 pour la consultation locale et 2003 pour le référendum local. La différence est que le conseil municipal est obligé de suivre juridiquement l'avis de la population en cas de référendum (on emploie ainsi l'expression redondante de référendum « décisionnel »), et que l'avis donné par une consultation locale est certes quasiment toujours suivi par les élus, mais n'est qu'une obligation d'ordre politique.

L'enquête publique, d'origine ancienne (ses débuts datent du XIXème siècle), remaniée par la loi Bouchardeau de 1983, consiste à permettre à toute personne de livrer son opinion sur un projet soumis à enquête, devant une personne indépendante et impartiale : le commissaire enquêteur. Ce dernier rédige un rapport comportant un avis personnel et motivé. « Malgré leur but, qui est de faire participer un maximum de personnes, la pratique de ces procédures souffre d'un manque réel de participation. Les associations et les habitants rencontrent, lors de leur mise en œuvre, de multiples obstacles. Certains n'apparaissent qu'après coup, pour les habitants ou les élus, tant le régime entourant ces votations est complexe » (Benjamin Audoye).

Les obstacles entourant le régime et la pratique des consultations et référendums locaux sont l'absence de dialogue en amont du projet, l'absence d'initiative populaire en matière référendaire, la stérilisation de la question par le législateur.

L'ABSENCE DE DIALOGUE EN AMONT

Pour le référendum, elle est à déplorer au moment du choix de la question posée aux électeurs, car sa formulation peut orienter le résultat. D'après un échantillon d'une cinquantaine de consultations et de référendums locaux réalisés depuis 2003, c'est presque toujours le Maire et/ou le Conseil municipal qui ont rédigé la question. Deux exemples viennent a contrario. Une petite commune du Gard (moins de 100 habitants permanents) a organisé une réunion pour décider de la question avant de procéder, en janvier 2006, à un référendum local concernant un projet de développement durable (éolien et sylvicole). Une commune de Charente-Maritime (600 habitants) a créé une commission composée d'élus et d'habitants pour choisir trois propositions au nom des habitants de la commune, qui furent soumises, en janvier 2005, à une consultation locale.

Pour l'enquête publique, l'absence de dialogue est à déplorer au moment de l'élaboration du projet ou de l'outil soumis à enquête. Comment un citoyen lambda peut-il se prononcer en quelques mots, quelques phrases, voire quelques pages, sur un projet de contournement routier, un PLU, un PDU ou même une ZPPAUP, qui ont mis en œuvre, durant des mois, voire des années, des techniciens et des prestataires aux compétences complémentaires ?

L'ABSENCE D'INITIATIVE POPULAIRE

En ce qui concerne le référendum, contrairement à ce qui se passe dans d'autres pays, des habitants (regroupés ou non en associations), ne peuvent déclencher son organisation. Les électeurs ont seulement un droit de pétition, demandant l'inscription d'une question à l'ordre du jour du conseil municipal. Cette question peut être une demande de votation populaire, mais rien n'oblige juridiquement les élus à inscrire cette demande à l'ordre du jour du Conseil. En ce qui concerne la consultation, l'article L. 1112-16 du Code Général des Collectivité Territoriales (CGCT) dispose que « dans une commune, un cinquième des électeurs inscrits sur les listes électorales et, dans les autres collectivités territoriales, un dixième des électeurs, peuvent demander à ce que soit inscrite à l'ordre du jour de l'assemblée délibérante de la collectivité l'organisation d'une consultation sur toute affaire relevant de la décision de cette assemblée ». Toutefois, ce même article précise qu'un électeur ne peut signer qu'une pétition par an, pour chaque collectivité territoriale. Comme, en outre, il y a des années durant lesquelles aucune consultation ne peut avoir lieu (lors d'élections, par exemple), cette possibilité reste fort limitée en pratique.

Ce n'est pas pour autant que les associations ou des regroupements d'habitants ne parviennent jamais à être à l'origine d'une votation populaire. Seulement, si une votation se réalise, les élus cherchent à la récupérer, à la « dompter ». Parfois, les associations organisent elles-mêmes la votation, avec la bienveillance ou non des élus. Ces consultations et référendums "sauvages" (le terme serait de Marion Paoletti) ont parfois autant de succès qu'une consultation ou un référendum légaux. Par exemple, en décembre 2004, une association de défense de l'environnement d'une commune des Vosges (1500 habitants) organisa une consultation locale sur la création d'une salle de réunion par des Témoins de Jéhovah. Les élus n'avaient pas souhaité organiser eux-mêmes cette consultation, mais ils n'ont pas empêché les habitants de l'organiser. Ce fut un succès pour l'association : la participation atteignit plus de 73 % et près de 98 % des votants se prononcèrent contre.

Il faut toutefois être attentif à « l'effet boomerang » d'une votation. En cas de résultat négatif, les élus font aux associations le reproche habituel de ne représenter que des intérêts particuliers. Un exemple très actuel : des associations nationales et locales militent contre l'implantation de parcs éoliens. Elles réclament ou se réjouissent de la tenue d'une votation populaire. Leur refus est souvent partagé, mais certaines associations ont perdu leur bataille : dans une commune de la Drôme (1000 habitants), en octobre 2005, 60 % des votants ont soutenu le projet éolien, avec un taux de participation correct (64 %).

LA STERILISATION DE LA QUESTION PAR LE LEGISLATEUR

En application du CGCT, la question qui peut être légalement posée, pour une consultation ou pour un référendum, suppose une réponse « OUI » ou « NON » et ce sans ajout supplémentaire (par exemple, « OUI, je souhaite que… »). Ce système est stérilisant : il pourrait y avoir un plus grand choix de réponses possibles pour l'électeur, pour lui permettre d'intégrer les différents paramètres (environnement, coût financier, utilité, délais, etc.). La professeure Nicole Belloubet-Frier prône la possibilité de discuter de plusieurs projets durant la campagne. « Une telle pédagogie du référendum lui ôterait son caractère de brutale et stérile polémique et rendrait indolores les camouflets auxquels il peut donner lieu ». Le professeur Jacques Viguier considère que « l'avantage du dépassement de l'alternative oui/non, c'est de responsabiliser les électeurs au lieu de les laisser se contenter de suivre le conseil dicté par un élu trop fortement pour ou contre le projet objet de la question. Cela aurait certainement entraîné l'augmentation du taux de participation ».

Certaines communes sont passées outre à cette impossibilité. La commune charentaise évoquée ci-dessus a proposé trois choix de dénomination de ses habitants. Une commune du Maine-et-Loire (300 habitants) a également proposé, en 2004, trois solutions pour la restauration de l'église : une solution basse prévoyant de « laisser le bâtiment en l'état en n'y réalisant que le minimum de protection et d'entretien », une solution intermédiaire prévoyant de

« réaliser les travaux d'urgence sur la toiture » et une solution haute pour un « programme complet de restauration ». Comme l'illégalité n'est pas grave, le préfet n'a pas déféré auprès du juge administratif les délibérations ayant décidé de l'organisation de ces votations.

CONCLUSION : CONTRADICTIONS, INTERROGATIONS, ESPOIR

Cette réflexion sur les obstacles aux pratiques participatives des associations débouche sur deux constats, en forme de contradictions et de questions, et sur un espoir.

Le premier constat est le hiatus entre d'une part l'attention croissante de l'habitant pour la qualité de vie, son désir conséquent de participer à l'élaboration des actions publiques visant à améliorer cette qualité, sa capacité croissante de participer à cette élaboration et d'autre part la réalité des processus de concertation, des comportements des protagonistes et des procédures de consultation, qui entraînent souvent son désengagement, justifié par des phrases du genre : « ils » ont tout décidé d'avance, « ils » ne nous écoutent pas, « ils » nous mènent en bateau, « tout est déjà ficelé ». A qui appartient-il de réduire ce hiatus ? N'est-ce pas à chacun des membres du trio élu/technicien/citoyen ?

Le second est la difficulté à faire entrer le rêve individuel dans le projet collectif, et l'accroissement de cette difficulté avec le mouvement vers la recherche de l'accomplissement individuel au détriment de la recherche d'un idéal commun. Comment inverser le mouvement ? Comment promouvoir l'idée que la réussite de chacun suppose celle du plus grand nombre, voire de tous ?

L'actuel positionnement des acteurs de la troïka élu/technicien/citoyen laisse l'espoir que ces questions recevront des réponses positives. Il montre en effet une mutation permanente des tâches de chacun et des relations entre eux. « Les nouvelles capacités d'action et le sentiment croissant de l'urgence de mieux vivre ensemble dans des espaces toujours plus construits tendent à transformer la nature des délégations données à ceux qui sont désignés pour administrer, non pas pour saucissonner la démocratie en tranches, mais pour toujours reconstruire un nouveau jeu de rôles de la démocratie du lieu où l'on vit » (Jacques Remond).

Chapitre 7 - Des obstacles a la participation citoyenne : Paroles d'Élus

Les avancees de Grenoble en democratie locale
Michel Destot [48]

A l'heure de faire des bilans sur les rapports avec la population, sur la concertation, la consultation, ce que nous appelons d'un mot, et qui est un véritable concept maintenant, la démocratie locale, je souhaite mentionner sinon l'exemplarité, tout au moins les avancées de la ville de Grenoble dans un certain nombre de domaines et faire ressortir quelques observations, quelques impressions, après maintenant douze ans de mandat comme maire de Grenoble.

Le poids de l'histoire

D'abord, je crois et je le dis avec beaucoup d'authenticité que nous nous inscrivons dans une belle histoire. L'histoire de Grenoble est belle dans de multiples domaines: sur le plan économique, sur le plan technologique, sur le plan scientifique, sur le plan social ; elle est belle aussi en matière de démocratie. Ce n'est pas qu'une démocratie formelle, ce n'est pas simplement une relation entre des individus dans l'organisation des territoires, c'est aussi une prise de conscience : il y a un collectif dans cette ville, un collectif qui a des valeurs. Si le devoir de mémoire a autant d'importance à mes yeux, c'est qu'il permet de jeter un regard sur l'histoire de notre ville, une histoire qui n'est pas banale ; c'est l'histoire d'une ville qui avait en 1788 anticipé la grande révolution française, d'une ville qui a été admirable pendant la deuxième guerre mondiale. Je pense aussi à ces manifestations massives contre le Front national il y a quelques années. C'est véritablement quelque chose de très fort. Il ne faut pas s'étonner que dans le domaine de la relation entre les habitants et entre les citoyens et les institutions, il y ait ce rapport

---
[48] Député-maire de Grenoble, Président de l'Association des Maires des Grandes Villes de France

un peu privilégié, souvent critique, quelquefois même rebelle, mais qui est, et a été je crois, un facteur de progrès, d'innovation, d'expérimentation, qui nous a servi non seulement pour avancer, mais également pour être souvent évoqués comme un modèle au niveau national. Je veux dire ici que ce qui a été fait en matière de loi sur la démocratie locale, notamment après le rapport de Pierre Mauroy qui avait été désigné comme président de la commission ad hoc, a été une pâle reprise de l'expérience grenobloise. On sait très bien que nous sommes toujours, en dépit de toutes les imperfections et des dysfonctionnements, relativement en avance sur ce qui se passe dans toutes les villes et grandes villes françaises.

Notre ville a donc une histoire ; je crois que nous sommes restés fidèles à cette histoire, en étant exigeants, c'est-à-dire en refusant de confondre démocratie participative et démagogie participative, mais au contraire en considérant que la démocratie participative est un élément de la démocratie locale. Il ne suffit pas simplement de réunir dans une salle des gens pour qu'ils expriment leurs attentes et leurs besoins. Si on ne les confronte pas à des projets, à des orientations ou à des valeurs, on ne fait pas son travail : on ne fait qu'enregistrer au fond, d'une façon peut-être personnalisée, ce que donneraient des enquêtes d'opinion ou des sondages. L'honneur des responsables politiques ou des responsables associatifs, c'est d'être très exigeants sur le fond et de confronter des projets. Ce n'est pas simplement recueillir des attentes, des idées, des suggestions, des besoins, y compris si ces attentes sont des attentes sociales, y compris si ces attentes sont des attentes écologiques, y compris si c'est faire exprimer ceux qui souffrent le plus dans nos villes, dans nos collectivités.

Expériences de concertation

La deuxième observation concerne la qualité des avis exprimés par les instances de concertation que nous avons mises en place. Les Conseils Consultatifs de Secteur ont émis 31 avis en 4 ans, au-delà de la contribution des habitants dont la Ville a pu bénéficier par ailleurs. Ce n'est donc pas une "petite expérimentation" ou quelque chose de marginal. C'est véritablement un des éléments de la culture de notre démocratie locale.

La troisième observation : quand les débats sont menés avec exigence et engagement de part et d'autre, cela conduit à des enrichissements considérables de la politique et de la mise en œuvre de ces politiques. Je prendrai un seul exemple : ce que nous avons fait dans le cadre du projet de renouvellement social et urbain de Villeneuve et du Village Olympique. Nous avons, en 2004, présenté les premières esquisses d'un projet urbain qui a provoqué des réactions souvent très vives des habitants. Dans le même temps, nous avons engagé une vaste démarche de consultation des habitants, qui nous a permis de réunir plus de 1 200 habitants pour aboutir à 270 propositions de la part des habitants et à 74 engagements de la part de la Municipalité. Suite à ces étapes, un travail d'appropriation des avis des habitants a été entrepris par les services et les équipes d'urbanistes. En 2006, nous avons ainsi pu faire un retour devant les habitants et présenter un projet amendé. Ceci a débouché en 2007 à la mise en œuvre d'un projet aux ambitions et aux objectifs partagés. Un Observatoire composé d'habitants se réunit régulièrement et l'avancée des projets du secteur, comprenant l'avis des habitants sur ces avancées, est présentée publiquement une fois par an. C'est à la fois une véritable démarche participative de définition d'objectifs avec les habitants et une démarche d'évaluation par les habitants des engagements pris par les élus. Je ne connais d'équivalent dans aucune ville de France et je pense que ça a été un plus pour Grenoble ; pas simplement pour les quartiers concernés, mais pour l'ensemble de la ville. Je l'ai dit très souvent, autant pour les quartiers de Villeneuve et Village Olympique que pour l'extérieur, ce qui se réalise aujourd'hui à la Villeneuve et au Village Olympique, en dépit des difficultés, en dépit des grands obstacles que nous rencontrons dus aux conditions économiques et sociales dans lesquelles se trouvent ces quartiers, sera bénéfique pour l'ensemble de notre ville et de notre agglomération. Car la démarche mise en route crée du mouvement, et c'est ce mouvement qui crée un plus en matière de qualité du projet mis en œuvre et en matière de politique.

La quatrième observation porte sur la mobilisation citoyenne sur des enjeux de société. J'en citerai un seul : le portage de la votation citoyenne par le CCREG, Comité Consultatif des Résidents Etrangers de Grenoble, et d'autres associations comme la Ligue des droits de l'Homme. Par cette simple démarche on a fait prendre conscience de la nécessité absolue d'une participation, et non pas d'une intégration ou d'une assimilation, dans notre société multiculturelle, de ces gens venus d'ailleurs et qui sont un enrichissement considérable. Ceci permet de ne plus parler simplement d'une ville internationale, mais d'une ville multiculturelle, une ville cosmopolite au bon sens du terme : c'est toute la noblesse de cette démarche.

Le management des projets

La cinquième observation c'est ce que l'on a essayé de faire en interne par la diffusion de bonnes pratiques avec les élus et avec les services, conduisant à intégrer dans tous nos projets, dans toutes nos politiques, une véritable démarche de concertation, avec un contrôle technique et financier, suivi d'évaluations. Ce travail a fait prendre de nouvelles responsabilités aux élus et aux services. Pour beaucoup, cela a été un changement de culture, mais un changement de culture qui a apporté une efficacité supplémentaire. Je ne dis pas seulement un enrichissement politique ou culturel supplémentaire, je dis une efficacité dans la mise en œuvre de ces politiques.

La sixième observation concerne le maintien d'une tradition d'innovation. Nous avons voulu consulter la population sur le budget, notamment sur le site Internet de la Ville, et à travers cette expérimentation nous avons été reconnus comme ville Internet.

Au final, je voudrais dire que la question n'est pas de savoir si on est pour ou contre la démocratie participative. Nous sommes face à une nécessité, une obligation démocratique. C'est une exigence pour les élus de définir en amont ce qu'ils attendent de la concertation. Quand on définit un projet, on doit définir en même temps le contour de la concertation que l'on souhaite mettre en œuvre : il faut que l'objectif soit identifié, défini et assumé. Cela ne veut pas dire qu'automatiquement, après concertation, le projet change radicalement d'orientation, mais il est très important qu'on sache très bien où on va et quel est le périmètre de la concertation. C'est aussi un exigence pour les services municipaux : il faut savoir que beaucoup de techniciens ont vu leurs compétences professionnelles bousculées, non pas remises en cause, mais la culture même de la compréhension des dossiers était différente et il y a là aussi un changement de comportement à adopter. C'est une exigence qu'il faut maintenir et qu'il faut expliquer : nous devons faire œuvre de pédagogie dans cette direction. C'est aussi une exigence pour les habitants, pour les citoyens qui doivent d'une part ne pas se limiter à un rôle de censeur, mais porter également une dynamique de contribution en intégrant la complexité de l'action publique. A propos du budget que j'ai évoqué plus haut, il ne suffit pas de dire : là je veux faire plus de social ou plus de logements, faire plus de développement économique, plus de culture ; encore faut-il expliquer comment, dans un budget aussi complexe, avec des interactions multiples, avec des engagements qui sont souvent des engagements sur la longue durée.

L'intercommunalité

Pour autant, il me semble que nous pouvons être relativement fiers du travail accompli ensemble au-delà des obligations qui nous étaient faites par la loi, notamment pour la création des instances de concertation (Conseils consultatifs et de Quartier) : nous avons, à travers les ateliers de concertation, les balades urbaines, les consultations par le journal municipal des Nouvelles de Grenoble, le site Internet de la Ville, les questionnaires qualitatifs, l'Observatoire des engagements... de multiples exemples d'actions qui ont enrichi considérablement le cadre légal, qui pour nous n'était qu'un des éléments de ce que nous voulions développer en matière de démocratie locale. Pour autant, devons-nous considérer que tout est fini ? Non. Il y a encore beaucoup d'efforts importants à réaliser, notamment en liaison avec l'agglomération grenobloise en redéfinissant le territoire sur lequel doit s'exercer cette concertation et cette démocratie. Le travail de concertation est déjà bien avancé au niveau du territoire grenoblois. Je crois qu'il faut que l'on soit très souple dans la façon d'appréhender les choses et je remercie le Comité de Liaison des Unions de Quartier d'avoir fait cet effort pédagogique et de dire que parfois ce n'est pas forcément le territoire de l'Union de quartier le plus adapté. Quand on fait une ligne de tramway, il est évident que cela dépasse l'échelle des Unions de quartier. Quand on dessine le projet de la presqu'île scientifique, c'est forcément l'ensemble de la ville de Grenoble, de l'agglomération grenobloise, voire de toute la région qui est concernée. Nous avons une souplesse à avoir dans l'appréhension territoriale de la démocratie locale et cela me semble important. In fine l'agglomération doit être, de notre point de vue, l'objet de la plus grande réflexion pour qu'on soit plus efficace, au sens noble du terme. Etre plus démocratique c'est être plus efficace. Mais pour cela encore faut-il que nous ayons une conception de la démocratie sur l'ensemble de l'agglomération grenobloise qui ne soit pas simplement la fédération de démocraties ville par ville, commune par commune. Sur les grands projets, qui sont relatifs au bassin d'emploi et au bassin d'habitants de l'agglomération, sur l'économie, sur le développement durable, sur tout ce qui relève évidemment des transports, du logement, de toutes les solidarités qui s'expriment au niveau d'un bassin d'emplois, nous devons être capables d'avoir une démocratie locale vivante. Et c'est beaucoup plus compliqué qu'on ne l'imagine car c'est là une véritable rupture culturelle qui va bien au-delà de la rupture institutionnelle ; il nous faudra notamment, pour aller plus loin, mettre en place l'élection au suffrage universel des conseillers communautaires des grandes agglomérations françaises.

Il y a encore de beaux chantiers à expérimenter.

FAUT-IL REDUIRE LE MILLE-FEUILLE DES INSTITUTIONS LOCALES ?

Marc Baïetto [49]

La question du mille-feuille des institutions est un problème qui mérite qu'on l'aborde sérieusement. On a vite fait de se donner quelque bonne conscience en se disant qu'il y a trop de niveaux, et donc qu'il faudrait les supprimer. Que supprimerait-on ? Quelques fonctions d'élus ; mais, ces compétences exercées par le département, qui les exercerait ?

---

[49] Maire d'Eybens, Vice-président du Conseil Général de l'Isère

La multiplicité des territoires

Il faut bien se rendre compte que pour l'essentiel, chaque niveau de collectivité gère des niveaux de compétence différents, donc même si, ici ou là, on se laisse aller à des doublons, voire des triplons ou des quadruplons, globalement l'enjeu est de savoir aujourd'hui qui doit gérer quels types de questions. Mon expérience d'élu m'a amené à faire un constat simple : les territoires sur lesquels nous évoluons sont des territoires multiples qui ne se recouvrent que très rarement. On pouvait dire il y a peut-être quelques décennies que le territoire communal était un territoire pertinent dans la mesure où un individu trouvait, bon an mal an, sur sa commune la réponse à l'essentiel des questions qu'il se posait dans sa vie quotidienne. Il sortait de temps en temps vers la ville centre mais globalement au quotidien il avait tout sous la main. Aujourd'hui pour avoir tout sous la main c'est à un territoire qui est largement plus grand que celui de la commune qu'il faut se référer, mais, comme en même temps on vit sur des problématiques complexes, on se trouve aujourd'hui en tant qu'individu, en tant que personne, au cœur d'une multiplicité de territoires. Je vais prendre l'exemple de la ville, l'agglomération, la région urbaine, le département, le sillon alpin, la conférence des Alpes franco-italiennes, les relations qui sont en train de se tisser avec la Suisse alémanique, l'Allemagne pour faire vivre le cœur de chauffe de la science grenobloise. Quel est le bon territoire de gestion ? Pour certaines questions, c'est le quartier (infra communal) ; pour d'autres, la commune ; pour d'autres, l'agglomération ; pour d'autres, enfin, la région urbaine.

En fait, on est constamment confrontés à cette multiplicité de territoires, et loin de penser, en maniant un peu le paradoxe, que c'est une gêne, cette multiplicité de territoires est une chance formidable pour la démocratie. Le rêve serait de tout unifier un peu à la manière dont le règne napoléonien a voulu tout rassembler sous l'aile protectrice du préfet. On rêve du super élu compétent sur un territoire qui deviendrait un territoire limité dont on ne franchirait que rarement les limites, à l'image qui hante notre vision de la bonne gestion ; mais, au contraire, aujourd'hui nous sommes sur des territoires qui ne peuvent fonctionner que s'ils rentrent en résonance les uns avec les autres, que si les acteurs de ces territoires acceptent le dialogue avec les autres.

Donc, pour moi, la réflexion que nous avons à conduire n'est pas de se poser la question de voir comment gérer la démocratie à l'échelle de la commune mais à l'échelle de la région urbaine autour de Grenoble, 720 000 habitants, 243 communes. Comment vit-on la démocratie à une échelle qui est maintenant reconnue car les communes y sont venues librement, personne n'est allé les chercher en leur disant : venez, ici c'est plus beau ! On est dans un débat où le citoyen est concerné et sollicité à la fois dans la vie du quartier, dans la vie de la commune, dans la vie de l'agglomération, dans la vie de la région urbaine : que va-t-on lui proposer ?

L'expression des citoyens ordinaires

Nous avons des interrogations toutes particulières à nous poser à l'égard de tous ceux qui n'ont pas l'habitude de la parole publique. Nous avons vite fait de nous bâtir une démocratie à quelques-uns où quelques spécialistes se baptisant associatifs confisquent la parole publique, confisquent le débat public. Quelle place fait-on à tous ceux qui n'ont pas d'organisation ? Quelle place fait-on à tous ceux qui n'ont pas l'habitude de prendre la parole devant des hommes qui généralement ont tendance à les assommer de leurs savoirs, de leurs compétences, de leurs connaissances dans le domaine dont il est question dans le débat public ? Si l'on veut développer une démocratie demain, quelle place fait-on à ceux-là ? Ils sont sans doute bien plus nombreux que nous le pensons, il suffit de voir la désaffection à l'égard des syndicats aujourd'hui pour se dire qu'il y a là une interrogation forte pour la participation.

L'élu est le représentant du peuple, qui a osé jouer sa crédibilité sur un programme, sur des objectifs. C'est par rapport à ces objectifs que le débat prend sens. Le débat est dans la confrontation d'opinions, de regards différents sur un même objet. Se pose aussi la question de la limite qu'on fixe au débat, parce que, pour le citoyen, pardonnez-moi de le qualifier d'ordinaire, qui doit le matin prendre le boulot à huit heures, une réunion jusque minuit ou 1h du matin n'est pas forcément la meilleure façon de lui permettre de participer. Donc, quelles limites pose-t-on au débat pour que le citoyen ne soit pas pris en otage par quelques experts, que les experts soient élus politiques ou élus associatifs ? Comment faire en sorte que les débats complexes soient traités sans qu'on donne dans la caricature, de telle sorte que les orientations soient des orientations qui permettent réellement de construire l'avenir ? Par exemple, la question de la démocratie est posée comme ceci : comment faire partager les objectifs d'un document comme le SCOT aux 720 000 habitants du territoire ? Comment faire passer les grands enjeux sans caresser l'habitant dans le sens du poil : on connaît tous la position qui consiste à dire oui au logement social, mais dans la rue d'à-côté. Comment donc arriver à un vrai débat qui pose le problème dans des termes simples, compréhensibles, accessibles, sans caresser les gens dans le sens du poil, je ne sais pas quel est le sens du poil en l'occurrence ; en tout cas, on a là une exigence de vérité, on a là une exigence de respect, et donc une exigence de liberté.

Vers d'autres découpages administratifs plus proches des citoyens

Je veux revenir sur la démarche que nous avons initiée, de création de nouveaux territoires sur le département de l'Isère, les 13 territoires de l'action publique départementale, en expliquant qu'aujourd'hui on ne transforme pas une administration comme cela. J'ai le plus grand respect pour l'ensemble des agents qui font fonctionner les collectivités, parce que nous, élus, sans eux nous ne faisons pas grand-chose d'autre que de nous agiter dans un bocal. Pour ces agents on a besoin de repenser leur technicité ; je prendrai un exemple simple : nous avons des ingénieurs routiers au Conseil général ; les routes sont notre apanage. Pendant des années, ces ingénieurs routiers, on leur a demandé de réduire les obstacles, gagner en vitesse. Et aujourd'hui, aux mêmes on dit de créer des obstacles. Quelqu'un qui, toute sa vie professionnelle, a appris à résoudre les problèmes d'une façon, on lui dit : stop, virage à 180° et tu défais ce que tu as fait avant. Ce n'est pas simple, et parmi les mutations que nous devons réussir, ce sont celles des cultures professionnelles qui sont les plus compliquées. Aujourd'hui la reconnaissance des personnes par la compétence professionnelle est très forte d'autant que les autres outils que l'on avait se sont délités.

Nous essayons à travers ces 13 territoires de mettre en œuvre les grands enjeux d'une politique départementale à proximité d'un débat citoyen. Ce ne sera pas fait demain matin. La première étape est franchie : celle du budget. Il y a encore beaucoup à faire pour les autres domaines politiques départementaux. En tout cas, nous pensons que c'est à travers ce rapprochement, par un certain nombre de discussions et la mise en œuvre d'un certain nombre d'orientations que nous pourrons donner à l'avenir à nos concitoyens ce qu'ils attendent de nous, c'est-à-dire un sens à notre action.

UNE NOUVELLE DEMOCRATIE PARTICIPATIVE

François Auguste[50]

Un système représentatif en crise

Je pense que le système représentatif est en crise. Peut-on construire des îlots à l'abri de la tempête et se désintéresser de ce qui se passe à l'échelon national, voire mondial ? C'est une vraie question. Nous, en tant qu'élus locaux, peut-on se dire que l'on va construire quelque chose qui va marcher au plan local, intercommunal, régional, et puis considérer que les autres niveaux ne nous concernent pas. Je trouve que l'on assiste à un paradoxe, c'est qu'il y a effectivement une aspiration des citoyens à participer aux décisions qui les concernent, vers plus de démocratie participative, et un système politique qui va exactement dans le sens contraire. Je ne vois pas comment la crise peut ne pas s'aggraver considérablement, se renforcer et provoquer d'autres tempêtes. Si on suit les propositions de la commission Balladur, je pense que l'on va avoir sans doute le système politique le plus concentré entre les mains d'un seul homme, le système politique le plus anti-démocratique de tous les systèmes politiques des démocraties, dans la mesure où ce n'est même plus le gouvernement qui conduit la politique de la nation, c'est le Président, donc il n'y a même plus de censure. Le Parlement n'a même plus l'initiative des lois, il a un simple contrôle, et donc on peut imaginer les conséquences de ce système politique qui recèle une contradiction majeure entre cette dérive et l'aspiration du

---

[50] Vice-Président du Conseil Régional Rhône-Alpes

citoyen à pouvoir participer aux décisions. On va vers de nouvelles tempêtes.

Je reprends la question de départ : comment fait-on pour dépasser cette crise, du local au mondial ? Pas seulement au niveau local. Nous n'avons pas ici les réponses aux questions qui sont soulevées au plan national, mais on vit dans ce pays là et dans ce monde là

Pratique de la participation dans la région Rhône Alpes

La démocratie participative n'est pas seulement un outil, mais un nouveau visage de la démocratie, une nouvelle conception de la démocratie, un dépassement de la crise actuelle du système représentatif, une sorte de nouveau système représentatif, dans lequel les citoyens sont intégrés à part entière. Autrement dit, c'est l'émergence de la démocratie directe, de la participation des citoyens de façon directe dans le système institutionnel. Pour moi, il y a trois légitimités : la légitimité des élus évidemment, élus par le suffrage universel, puis la légitimité de ce qu'on appelle la société civile (les associations et les syndicats, les partis politiques, les citoyens organisés) ; et il y a aussi une légitimité des citoyens non organisés, qui ne trouvent pas leur compte dans les associations, les syndicats, les partis politiques, mais qui ont envie de participer aux décisions. Il faut donner sa place à cette légitimité. D'ailleurs, si on le fait, des ponts vont se construire entre tous. D'abord, ça va bousculer tout le monde, c'est l'expérience que j'ai à la Région, y compris l'institution, mais ensuite il y aura des passerelles : des gens vont au fond se dire que c'est intéressant de s'organiser. Donc il faut reconnaître l'existence d'une légitimité citoyenne : il y a ce pas culturel à franchir, sinon on n'y arrivera pas.

Il y a plusieurs mots qui sont importants : vigilance, exigence ; je crois qu'à partir du moment où on s'engage dans des processus participatifs, ça demande de la part des élus beaucoup de volontarisme politique, de ne pas céder au naturel qui revient au galop. On est confronté à des situations nouvelles, et il faut faire en sorte que le citoyen ne soit pas déçu par ces portes qu'on lui ouvre. C'est très exigeant pour les élus et il faut tenir bon. Les citoyens nous y aident parce que, quand ils sont engagés dans des processus participatifs, ils n'acceptent pas que le naturel revienne au galop, donc ils aident à ça. Lorsqu'on leur donne les moyens de participer, j'estime qu'ils sont porteurs de l'intérêt général de manière évidente. On a décidé de faire des réunions publiques lorsque notre équipe a été élue en 2004. Un an après, on était dans un cycle de réunions publiques dans toute la région : cela a beaucoup étonné parce qu'on venait d'être élus et on revenait voir les gens. Cela semblait bizarre, cela a beaucoup interpellé, étonné, il y avait beaucoup de doute, de suspicion. On a levé ces suspicions et ces doutes en disant qu'on voulait les associer pendant toute la durée du mandat dans des processus et des espaces participatifs. C'est ce que nous avons fait dans les territoires, à l'échelle régionale, à travers des ateliers citoyens, des panels citoyens et même à l'échelle mondiale puisque nous organisons des rencontres mondiales sur le thème « la démocratie participative du local au mondial, pour quel développement ? ». Je suis moi-même étonné par le succès de cette rencontre : 1500 participants et 60 pays qui sont de tous les continents. Cela veut dire qu'il y a une attente très forte de créer ces espaces et de débattre de ces problématiques : en quoi la participation des citoyens peut-elle faire bouger les politiques en matière de développement, en l'occurrence à tous les niveaux, du local au mondial ? Bref, nous sommes en phase d'expérimentation à la région Rhône-Alpes. Nous avons poussé très loin l'expérimentation, comparativement à d'autres régions. De plus, des communes et des agglomérations y font aussi des expérimentations.

Vers une légalisation des expériences participatives réussies

C'est vrai que beaucoup de gens parlent de démocratie participative. Tant mieux, mais l'essentiel n'est pas seulement d'en parler, c'est qu'il y ait un vrai débat de fond sur cette question et qu'on confronte les pratiques et les expériences de ce point de vue. Il faut développer les expérimentations, multiplier les espaces de participation des citoyens, il faut créer, innover, ce qui est passionnant dans ce que nous faisons. Ce n'est pas si fréquent de pouvoir créer, innover, expérimenter, tirer des leçons de ce que l'on fait, et avancer. Mais si on expérimente, si même on développe les expérimentations pendant un an, deux ans, trois ans, et que cela n'a pas de prolongement dans nos institutions, que va-t-il se passer ? C'est un vrai problème. Est-ce qu'il ne va pas y avoir du découragement au bout du compte ? Une aspiration non satisfaite ? Si ce n'est pas une obligation légale, je sais qu'on va nous reprocher d'avoir mis en place un nouveau système ; en fait les conseils de quartier sont une obligation légale et font partie de la démocratie de proximité. Si on ne légalise pas, si on n'inscrit pas la démocratie participative comme un principe fondamental de la Constitution et qu'ensuite on ne le décline pas au travers de lois dans les collectivités territoriales, voire à l'échelle nationale et même mondiale, on ne résoudra pas la crise du système représentatif. Il faudrait que pour les expérimentations qui réussissent, on en fasse l'évaluation, et que de toutes ces expérimentations sortent, le plus tôt sera le mieux, des décisions politiques fortes au plan national pour inscrire la participation du citoyen sur le fronton de la constitution et de nos lois.

VIVRE AU SEIN DE LA DEMOCRATIE LOCALE

Jean Philippe Motte[51]

Etat des lieux de la démocratie locale

Je vais rappeler la toile de fond dans laquelle nous sommes, c'est-à-dire l'état de la société, a minima l'état de nos villes et agglomérations (pour ce qui nous concerne, Grenoble et l'agglomération grenobloise) en rappelant deux ou trois généralités : on est bien dans une société fragmentée, qui a des forces de dislocation qui la travaillent et cela se traduit évidemment dans le visage des villes et des agglomérations, par des phénomènes assez profonds de ségrégation sociale et spatiale, des embryons de ghettos urbains pour prendre des images un peu lourdes et peut-être trop fortes, qui fait que l'on est dans un milieu social et urbain qui menace l'unité du corps social et la circulation de ce corps social à l'échelle d'un territoire avec les phénomènes de relégation, d'exclusion quelquefois, que l'on connaît.

---

[51] Vice-Président de la Métro en charge de l'habitat et des gens du voyage, ancien maire adjoint de Grenoble, chargé de la politique de la ville

Deuxième élément de la toile de fond, qui va peut-être avec, c'est le fait qu'il y a à la fois une revendication et une montée de l'individu au sens de sujet autonome, caractéristique de notre période, et en même temps, vis à vis de la chose publique en tout cas, un sentiment de dépossession, d'impuissance ou, autrement dit, de délaissement. Il y a peut-être un mot qui résume un peu tout ça, que je reprends à mon compte ici, c'est le *désenchantement*. Par rapport à cela, nous, élus municipaux grenoblois, dans une démarche de majorité municipale, nous considérons qu'il y a des enjeux forts à *rétablir la confiance*. Je crois que c'est un mot fort et que dans les démarches de démocratie participative, c'est l'horizon : faire en sorte que les gens aient confiance en eux-mêmes d'abord, dans les autres avec lesquels ils vivent, éventuellement discutent, participent, et qu'ils aient confiance dans l'action publique, dans l'action politique locale. La conviction que nous avons, c'est que, en effet, cette capacité existe chez toute personne ; c'est la vocation citoyenne, avec une capacité à exprimer des choses sur ses conditions de vie, sur la manière d'organiser la vie commune. Et, si on va jusqu'au bout de cette ligne là, l'affirmation d'une responsabilité partagée à cet égard. L'enjeu de notre démarche, c'est de faire en sorte, si on prend une image symétrique à l'image de « Faire société », on pourrait dire aussi « Faire commune » ; c'est-à-dire être dans la même commune, dans la même vie commune. De ce point de vue, on peut considérer qu'il y a une capacité locale à organiser une vie commune, il y a peut-être un génie du lieu grenoblois.

Les « génies du lieu » grenoblois

Je suis arrivé à Grenoble au début des années 70 et j'ai été frappé par le fait que - c'est le bonheur des années Dubedout - il y avait de l'invention locale, il y avait de l'initiative locale, il y avait de l'expérimentation locale. Je ne vais pas refaire l'histoire, mais c'est un ressort très profond encore pour nous aujourd'hui : être capable d'inventer au plan local des démarches de vie publique, entre démocratie représentative et, participation des habitants. C'était les mêmes ressorts qui étaient en jeu. L'autre génie du lieu qui m'avait fortement marqué en arrivant de l'extérieur sur cette terre grenobloise, c'était le sens du collectif, le sens de la collégialité de la décision et du travail collectif qui était assez bien exprimé dans les municipalités de l'époque.

Bref, nous nous situons dans cette ligne là, trente ou trente cinq ans après, mais avec les mêmes intuitions, les mêmes ressorts, les mêmes convictions. Et ce que nous avons fait ces dernières années sur le terrain est de reprendre un peu ce bâton de pèlerin, avec un souci d'expérimentation. Là où il y a expérimentation, c'est lorsqu'on essaie d'innover un peu dans une démarche de terrain, et en même temps de l'évaluer. Il y a au moins un champ sur lequel nous avons fait cet effort, avec ses limites, c'est sur la démarche des Conseils Consultatifs de Secteur, qui existent ici depuis 5 ou 6 ans maintenant, et qui ont fait l'objet, lors de leur montée en régime, à deux moments précis, automne 2004, printemps 2007, de phases d'évaluation partagées avec les 100 ou 150 personnes qui ont bien voulu y participer sur la base de travaux critiques au sens universitaire du terme.

Conditions de mise en place de la démocratie participative dans les agglomérations

Aujourd'hui, quelles sont les réflexions que l'on peut reprendre ?

Premièrement, l'exigence démocratique de tenter toujours, si je puis dire, de sortir du cercle des gens déjà présents et d'aller vers des gens plus éloignés des affaires publiques et qui souvent sont aussi les plus délaissés par l'action publique. Avec toujours cette interrogation de savoir comment faire ? On n'a jamais réussi. Je ne parle pas bien entendu des gens qui, pour des raisons de conditions d'existence ou par rapport à leur système de valeurs, ne s'intéressent pas au débat démocratique, mais je parle de ceux qui n'y ont pas accès par suite d'obstacles de conditions matérielles d'existence, de culture, etc. Nous, à Grenoble aujourd'hui, c'est un peu notre question lancinante. De ce point de vue, la question de la diversité des canaux et de l'invention nécessaire des modalités, des manières de faire pour aller à cet élargissement des gens qui participent au dialogue public est tout à fait présente pour nous, avec le sentiment de toujours vouloir avancer. On est assez convaincus, je l'ai vécu personnellement, qu'il peut y avoir, sans jamais être programmé, du bonheur dans la rencontre de la démocratie participative. Ca ne peut être que de l'ordre du témoignage, mais je peux vous dire qu'il y a du bonheur à partager dans ces démarches.

Les conditions d'une démocratie participative à l'échelle des agglomérations, à Grenoble notamment, sont aujourd'hui difficiles à établir. Peut-être qu'il y va de l'histoire de l'intercommunalité dans cette agglomération, avec un souci assez exacerbé, on peut le dire, d'autonomie communale dans le concert de l'agglomération, qui continue à faire que probablement des initiatives démocratiques venant de la communauté d'agglomération et s'adressant directement aux territoires sans être filtrées par les autorités communales restent quelque chose de très difficile à mettre en œuvre, à proposer même à l'ensemble de ces territoires. Il y a une deuxième raison qui n'est pas propre à Grenoble, mais qui pour moi est très forte, c'est que ce qui fait force dans la démocratie participative, c'est le dialogue démocratie participative / démocratie représentative. Et que justement, on est dans l'entrave démocratique à l'échelle des communautés d'agglomération, à partir du moment où elles ne sont pas élues au suffrage universel direct. Un président d'agglomération n'a pas la même légitimité qu'un maire au regard de son territoire et de la population qu'il représente, c'est vraiment un handicap très fort. Je le vois comme cela, je le vis comme cela. Il reste qu'il faut nourrir la vitalité démocratique à l'échelle des agglomérations, tant ces agglomérations ont de la responsabilité, ont du poids, ont des compétences de plus en plus importantes, à la fois sur le terrain de la solidarité locale, du développement local, tous les registres qui font notre vie locale. Les agglomérations pèsent et pèseront de plus en plus lourd ; il est d'autant plus important qu'elles puissent être irriguées par des exigences démocratiques partagées. Peut-être qu'il faut inventer des médiations nouvelles, la difficulté est de les construire avec des communes qui ont des cultures, des perceptions, des façons de se situer assez différentes les unes des autres, bien sûr en fonction de leurs appartenances politiques, mais aussi en fonction de leur histoire.

Pour terminer, je crois que la participation, ce n'est pas le fusionnel, ce n'est pas l'obscénité démocratique dont parle Régis Debray : la participation telle qu'on la vit à Grenoble, construit du respect mutuel ; elle construit la bonne distance, la bonne mesure. On est dans le « vous » du respect, si je puis dire, dans la démocratie participative.

SECONDE PARTIE
PARTICIPATION A LA DEMOCRATIE LOCALE À L'ETRANGER

CHAPITRE 8 - ITALIE : LE DIFFICILE RENOUVELLEMENT DE LA PARTICIPATION CIVIQUE

Chiara SEBASTIANI[52]

Jusqu'au début des années 1990 l'Italie présentait, par rapport à la France, à la fois de fortes ressemblances du point de vue de la structure administrative et de fortes différences du point de vue du fonctionnement de son système politique.

L'Italie était un *Etat centralisé*, avec des structures très semblables à celle de la France (et pour cause, le modèle italien ayant été copié sur la France par le ministre Camillo Benso, comte de Cavour, l'un des fondateurs de l'Etat-Nation, dont le patronyme révèle les influences culturelles dues à ses origines françaises). Néanmoins, alors qu'en France un Etat fort, avec une administration efficace, jouissait d'un haut niveau de prestige, en Italie l'Etat central a toujours été relativement faible, avec une administration peu légitime et peu performante. Par contre le rôle politique des villes en Italie a une grande importance dont les origines remontent au rôle des communes du Moyen Age : aujourd'hui encore la commune peut se définir comme « cellule de base de la démocratie ». Et, alors qu'en France jusqu'aux années récentes, il y avait Paris d'un côté et « la province » (c'est-à-dire tout le reste) de l'autre, l'Italie a toujours été « le pays aux cent villes »: même la primauté de sa capitale politique, Rome, était soumise à la concurrence de la « capitale morale », Milan.

Les *partis politiques* en Italie étaient les structures principales de participation politique à tous les niveaux et dans tous les secteurs de la société. Le système des partis d'après-guerre s'articulait

---

[52] Professeure de Gouvernement Local et de Politiques Locales Comparées à la Faculté de Sciences Politiques de l'Université de Bologne ; membre d'un Conseil de quartier de Bologne.

autour des deux « partis de masse » qui étaient l'expression des deux grandes cultures du pays : d'un côté le principal parti italien, la Démocratie Chrétienne, fortement lié à l'Eglise catholique ; de l'autre, le Parti Communiste, second en importance, avec une base très forte non seulement dans les villes ouvrières du Nord-ouest mais aussi dans les petites et moyennes villes d'Italie centrale et dans certaines zones rurales du Midi. Si le contexte international issu de la deuxième guerre mondiale rendait impossible la participation du PCI au gouvernement national, ce parti a toutefois joué un rôle important dans beaucoup de collectivités locales, notamment dans les « régions rouges » d'Italie centrale où existaient une forte tradition de « socialisme municipal » et un modèle administratif dont la réputation d'efficacité a été un objet d'études au niveau international.

Les *élus locaux* dépendaient fortement de la structure locale des grands partis politiques qui contrôlaient les institutions locales : communes, provinces et régions, dont l'importance réelle était, avant la régionalisation et la décentralisation, à l'inverse de leur position hiérarchique formelle dans le système des autonomies locales. C'est seulement à travers les structures de leur parti que les élus locaux avaient accès aux institutions politiques nationales. Il n'y avait pas et il n'y a toujours pas aujourd'hui de cumul de mandats. Il n'y avait pas non plus les relations qui existent en France entre élus et fonctionnaires : les passages entre rôles administratifs et rôles politiques étaient presque inexistants.

LES REFORMES DES ANNEES 90

C'est à partir de ces différences que l'on peut mieux comprendre les traits spécifiques du « virage participatif » dans l'administration locale, qui a eu lieu en Italie à partir des années 90. Il s'agit à la fois de l'émergence d'une demande de participation ayant des caractères inédits par rapport aux modes traditionnels d'action politique, et de la mise en place de dispositifs institutionnels, également inédits, visant à favoriser la participation des citoyens. Ces phénomènes, inscrits dans beaucoup de pays européens dans les processus décentralisateurs d'une politique globale, en Italie se situent dans le cadre d'une série d'évènements internationaux (de la chute du mur de Berlin au processus d'intégration européenne) et nationaux (du scandale de « Tangentopoli » à la sortie de scène des principaux partis politiques) étroitement liés entre eux.

Il suffit d'en examiner la brève chronologie pour voir à quel point les transformations du cadre européen, celles des partis politiques et celles des institutions locales sont enchevêtrées :

- 1989 : chute du mur de Berlin et sortie de scène du PCI
- 1990 : première réforme des pouvoirs locaux (extension des pouvoirs et de l'autonomie des municipalités, renforcement des pouvoirs et des fonctions de l'exécutif – maire et adjoints – et des cadres et fonctionnaires, au détriment de ceux des Conseils)
- 1992 : début de l'enquête pour corruption de « Tangentopoli », sortie de scène de la DC et du PSI ; réforme majoritaire du mode de scrutin national (« Deuxième République »), adhésion au traité de Maastricht ;
- 1993 : deuxième réforme des pouvoirs locaux (élection directe des maires avec un système leur garantissant une forte majorité, pouvoir de ces derniers de nommer leurs adjoints, et incompatibilité du rôle de conseiller municipal et d'adjoint du maire, séparation ultérieure des fonctions de l'exécutif de celles des assemblées électives, présidées non plus par le maire mais par leur propre président)
- 1995 : entrée en vigueur des accords de Schengen
- 1997-99 : « lois Bassanini » qui attribuent aux collectivités territoriales toutes les fonctions administratives touchant leurs intérêts propres et leur développement ou localisées sur leur territoire, en application du principe de subsidiarité tel qu'il est formulé dans le traité de Maastricht, en même temps qu'elles réorganisent la fonction publique sur la base de critères de simplification et de transparence et d'un statut des cadres moins bureaucratique et plus managérial ;
- 2001 : réforme constitutionnelle qui reconnaît l'autonomie politique des collectivités territoriales, accorde un rôle prioritaire aux communes pour l'exercice des fonctions administratives (« subsidiarité verticale »), et enjoint aux institutions de « favoriser l'initiative autonome, individuelle ou associative des citoyens, pour le déroulement d'activités visant à l'intérêt général » (« subsidiarité horizontale »).

Le résultat final, c'est l'idée d'une « nouvelle démocratie locale » redéfinissant radicalement les relations entre le fait politique (élus et institutions), le fait administratif (fonction publique) et les citoyens :

a) du point de vue des *institutions politique* : plus grande autonomie des collectivités territoriales dans la définition de leurs objectifs sociaux et de leurs stratégies de développement, des moyens financiers adéquats, un pouvoir et une légitimité accrus pour le maire et un poids mineur des partis politiques;

b) du point de vue de la *fonction publique* : indépendance accrue des cadres par rapport aux élus, en vertu de la "séparation des pouvoirs" qui leur attribue l'exclusivité des fonctions de gestion et l'obligation de résultat, mais en même temps dépendance directe des cadres à l'égard du maire qui a le pouvoir de les nommer selon un modèle de droit privé (managérialisation de l'administration);

c) du point de vue des *citoyens* : mise en place de dispositifs facilitant le recrutement de figures politiques non professionnelles, en vertu de l'élection directe du maire et du pouvoir de celui-ci de choisir ses adjoints hors des élus du Conseil (ces derniers peuvent être nommés adjoints, mais doivent alors démissionner) ainsi que de dispositifs visant à faciliter leur pouvoir d'initiative, de contrôle et parfois de décision directe (information, publicité des actes, simplification des procédures, référendums, extension des Conseils des quartiers).

Cette nouvelle structuration des institutions locales vise à la fois à la « gouvernabilité » et à la « participation ». On peut toutefois se demander si la gouvernance qui s'affirme - dans l'interprétation pratique de ce nouveau modèle de démocratie locale – n'en vient pas à réduire la participation à un instrument de la gouvernabilité. Lorsqu'on parle de « démocratie participative » comme de l'une, parmi d'autres, des options possibles de modèle de démocratie locale, n'a-t-on pas déjà oublié que la démocratie est participative par définition?

LA DEMANDE DE PARTICIPATION

Le bilan, souvent décevant, des réformes montre les limites d'une conception de la démocratie comme produit de « l'ingénierie institutionnelle », car la nouvelle démocratie locale ne semble guère tenir ses promesses. Les partis politiques et les professionnels de la politique, après la crise du début des années 90, ont repris rapidement le contrôle des institutions locales ; de plus, il s'agit de partis qui, à la différence des anciens partis de masse, ne disposent plus d'antennes et de racines dans la société. Les nouveaux dispositifs paraissent souvent incapables d'assurer aux citoyens la lisibilité des choix et des mécanismes d'élaboration des politiques publiques, qui reste souvent un privilège des partis politiques, tandis que l'évaluation de ces politiques devient un acte technique incombant aux fonctionnaires. Quant à la définition des priorités politiques et des finalités des interventions, on cesse d'en parler une fois que le « programme » électoral est rédigé ; ensuite, ce sont surtout les médias qui sont l'instrument principal de l'*agenda-setting* – du moins pour ce qui concerne la partie du processus visible par l'opinion publique. Enfin les mécanismes destinés à « inclure » des citoyens dans le processus politique sont à la fois un mécanisme d'auto-sélection par en bas, parmi ceux qui disposent le plus de ressources de temps et de "capital social" et culturel, et de sélection par en haut de ceux qui disposent de ressources économiques et de pouvoir. Ainsi, la demande (montante) et l'offre (descendante) de participation suivent deux voies parallèles où les moments de rencontre apparente révèlent toujours une nouvelle divergence. Retraçons donc ces cheminements, en commençant par la demande de participation.

Les réformes du gouvernement local des années 90 ont été accueillies avec une bonne dose de consensus, voire d'enthousiasme : la valorisation des collectivités territoriales (on a parlé de « fédéralisme des communes ») et de leurs « nouveaux maires » élus au suffrage direct, souvent parmi des non professionnels de la politique, s'inscrivait dans le processus d'intégration européenne auquel l'opinion publique italienne se montrait également favorable. La « république des villes » se constituait en même temps que « l'Europe des villes »: l'une et l'autre proches d'une tradition politique et culturelle d'autonomie municipale, que la formation tardive d'un Etat-Nation centralisé n'a jamais aboli. Les nouvelles institutions locales, qui se veulent à la fois plus fortes et plus proches des citoyens, paraissent donc fournir un contexte favorable à un nouveau mouvement participatif qui, contournant l'intermédiaire de partis politiques affaiblis et délégitimés, réclame pour la société (que l'on commence à appeler « société civile » à la manière anglo-saxonne, en entendant par là des regroupements spontanés et peu formalisés d'individus et d'associations) des canaux directs d'initiative, de contrôle et d'influence vis-à-vis du processus politique institutionnel. Cette montée participative hérite des mouvements urbains des années 70 ainsi que des expériences d'administration locale dans les villes des « régions rouges » de l'Italie centrale, dans certaines grandes villes ou dans des villes ouvrières : expériences spontanées des « comités de quartier » à Rome, expériences syndicales des « conseils de zone » à Turin, expériences d'avant-garde des « conseils de quartier » à Bologne.

Naissent ainsi les « comités de citoyens » – associations d'habitants d'un quartier ou d'une rue, groupes engagés sur des thèmes spécifiques (environnement, services), mouvements de protestation sur des choix et enjeux de politique locale, etc. – tantôt constitués en associations, tantôt sans structure juridique formelle. Tous demandent de la participation, convaincus que les réformes ont été faites pour cela. Des conseils de quartier, instances de proximité élues au suffrage universel que les réformes ont étendu à toutes les villes grandes et moyennes, on attend qu'ils soient des lieux de rencontre et débat direct entre élus et citoyens. Des maires, on attend qu'ils soient les interlocuteurs directs des citoyens, car c'est dans ce rôle qu'ils se présentent pendant la campagne électorale. Il n'est point besoin de mécanismes incitatifs à la participation, car la demande est là, et elle s'exprime sur les thèmes de l'environnement, des services publics, de la qualité urbaine ; elle soulève des problèmes et propose des projets sur les thèmes des banlieues, de l'immigration, des transports et de la culture.

Cette demande dispose apparemment d'un grand nombre de dispositifs institutionnels que les communes, dans la foulée des réformes, ont inscrit dans leurs statuts. Il s'agit de dispositifs favorisant le droit à l'information (transparence, publicité des actes) ou de soutien à un espace public de dialogue ; de dispositifs d'application du principe de subsidiarité horizontale (associations) ou de soutien à la citoyenneté active ; de dispositifs d'inclusion dans le processus décisionnel (referendums, non seulement consultatifs mais aussi propositionnels et délibératifs) qui esquissent des formes de démocratie directe. Ces dispositifs, toutefois, se révèlent en pratique incapables de garantir une participation réelle, comme en témoignent, d'une part, leur abandon progressif (par exemple concernant la participation des citoyens aux activités des conseils des quartiers) et, d'autre part, une nouvelle poussée participative qui s'exprime surtout par des actes de protestation.

Pour comprendre les mécanismes en vertu desquels un mouvement qui naît d'en bas peut être absorbé dans des dispositifs mis en place d'en haut, et comment un mouvement civique de démocratie locale peut se transformer en action d'élus et de fonctionnaires, on peut rappeler l'histoire des « réseaux civiques » télématiques, à commencer par son prototype, le réseau « Iperbole » de Bologne. Les réseaux civiques italiens mis en place par les administrations locales étaient des espaces publics virtuels accessibles gratuitement par tous les habitants des communes. Leur but était de faciliter les relations des citoyens a) entre eux ; b) avec les élus ; c) avec l'administration publique. Ils naissent donc comme structures de soutien à l'espace public citoyen. Avec le temps, toutefois, ces dispositifs ont connu une évolution qui les a attachés en premier lieu aux services administratifs, en deuxième lieu à la promotion personnelle des élus. Au moment même où l'on commençait à les appeler dispositifs de démocratie électronique, *e-democracy*, ils se transformaient en mécanismes de restructuration des services publics : objectif honorable de bonne administration, mais qu'il ne faudrait pas confondre avec la démocratie. Quant aux sites et blogs des élus, ils sont devenus de plus en plus des instruments de promotion personnelle. L'espace public, enfin, s'est transformé en quelques forums institutionnels sur des thèmes choisis et modérés d'en haut. Les citoyens leur préfèrent aujourd'hui de nouveaux espaces virtuels auto-organisés dont l'influence reste cependant très limitée tant que leurs instances n'arrivent pas à se frayer un chemin dans les espaces institutionnels ou dans les médias.

Une histoire similaire, de transformation de dispositifs voués à la participation politique des citoyens en dispositifs voués à la rationalisation des services publics ou à la concurrence entre élus, pourrait être racontée au sujet des conseils de quartier, aujourd'hui délégitimés au point que l'on propose de réduire fortement leur nombre et leurs compétences : on suggère par exemple de les éliminer dans les petites villes et de les regrouper dans les grandes, d'abolir toute forme de remboursement pour les élus non professionnels et de faire nommer leurs présidents directement par le maire.

Il y a, dans cette trajectoire des dispositifs participatifs du début années 90, une défaite de la demande de participation, à mettre en relation avec les objectifs non explicités ou les effets non attendus des réformes, à savoir :

a) sur le plan politique, *l'affaiblissement des assemblées électives* au bénéfice d'organismes exécutifs non électifs, et la *personnalisation du pouvoir politique* (si bien que les élus, en compétition pour de la notoriété au sein de leurs propres partis et exécutifs, se fabriquent de plus en plus des partis "personnels");

b) sur le plan administratif, la *persistance de mécanismes bureaucratiques* traditionnels à côté de la mise en place *de nouveaux instruments managériaux* de la fonction publique : une formule qui en fait un « contre-pouvoir » plutôt qu'un instrument favorable à la participation démocratique ;

c) sur le plan participatif, la *mutation des dispositifs institutionnels de participation*, qui se transforment en instruments au service d'élus ou de fonctionnaires avec exclusion des citoyens ou manipulation de leurs instances.

S'ajoute, dans un contexte où le jeu politique se restreint à la compétition entre les élus et « leurs » partis, ainsi qu'entre élus et administration, le pouvoir croissant des médias locaux dont les élus dépendent pour leur notoriété personnelle mais qui, à leur tour, dépendent des élus pour l'acquisition d'informations « vendables ». Les lieux et les épisodes où se prennent les décisions qui comptent sont finalement réservés, selon la nouvelle orthodoxie de la gouvernance, aux acteurs privés qui détiennent les ressources les plus importantes et par qui se légitiment les accords, moyennant les habituelles parades publicitaires des vieilles formes de concertation.

L'OFFRE DE PARTICIPATION

La demande initiale de participation est donc de plus en plus frustrée. Originellement, elle ne visait point à substituer à la « démocratie représentative » une « démocratie directe », mais à faire fonctionner une « démocratie » tout court, où compte la « voix » des citoyens et non seulement leur « bulletin » dans l'urne. C'est contre une « partitocratie » devenue de plus en plus opaque et auto-référentielle qu'elle réclamait un nouveau mode de fonctionnement des institutions. Les effets décevants des réformes vont porter à réclamer de plus en plus des formes de participation « directe ». Contournant les assemblées électives émasculées ou bureaucratisées, les habitants des quartiers, les comités de citoyens, les associations locales – au risque de passer de la domination partitocratique à celle du pouvoir personnel du maire, de ses adjoints de confiance et de sa bureaucratie – demanderont encore une fois des moyens de participation plus efficaces.

Ces moyens vont leur être offerts, sous forme de nouveaux « parcours participatifs », par des élus qui – très peu enthousiastes devant la naissance des comités civiques – montrent par contre un intérêt croissant pour les nouveaux dispositifs « expérimentaux » et « négociés » de délibération, co-élaboration de projets, inclusion et co-décision de proximité, auxquels la demande sociale n'est d'ailleurs pas insensible. Soutenue par le processus d'européisation des politiques publiques locales, qui s'accompagne en Italie de l'importation de modèles administratifs de tradition anglo-saxonne, l'offre de dispositifs participatifs mis en place « d'en haut » pour favoriser la participation « d'en bas » va alors se multiplier. Ainsi, après que les assemblées représentatives aient perdu beaucoup de leur pouvoir, après que les dispositifs institutionnels d'information, de contrôle et d'initiative des citoyens soient restés lettre morte, on va leur offrir de nouveaux dispositifs expérimentaux de démocratie « directe ». Or, quand des dispositifs « octroyés » et donc arbitraires se substituent à des dispositifs institutionnels qui sont restés lettre morte, et que la participation « directe » d'un petit nombre se substitue à la participation « représentative » de l'ensemble, c'est bien la démocratie tout court qui risque d'en souffrir.

On connaît aujourd'hui une grande variété de formules : jurys citoyens, conseils d'enfants, instances consultatives pour les immigrés, pour le welfare et l'intégration sociale, arènes délibératives, parcours décisionnels participatifs, laboratoires de projets urbains, budgets participatifs... Ces dispositifs vont être offerts – et la participation sollicitée – de préférence dans les circonstances suivantes:

a) quand il s'agit de mobiliser des ressources que l'administration ne possède pas: par exemple, collaboration avec des associations de bénévoles pour la prise en charge de certains services (assistance aux personnes âgées, entretien de jardins publics, etc.);
b) quand il s'agit de renvoyer aux citoyens des choix désagréables : « arènes délibératives » mises en place typiquement pour décider de l'emplacement d'un incinérateur;
c) quand il s'agit d'enjeux non conflictuels : « laboratoires de projets » pour définir les détails d'aménagement et le décor de nouveaux équipements récréatifs, sportifs, etc. et qui peuvent valoriser leurs promoteurs (Conseils d'enfants, d'ados, etc.)
d) quand un « parcours participatif » est un moyen – ou une condition indispensable – pour obtenir des financements, comme l'obligation de participation édictée dans des projets régionaux ou européens.

C'est donc une offre de participation dont la première caractéristique est celle d'être proposée là où elle n'est nullement demandée, sur des objets pour lesquels les citoyens s'en remettraient volontiers à l'administration, soit parce qu'il s'agit de choix de détails que des techniciens pourraient faire avec plus d'efficacité, soit parce qu'il s'agit de participer à la mise en place d'interventions dont le choix a été pris ailleurs, et qui parfois sont de véritables « solutions à la recherche de problèmes » !

C'est une offre, par contre, qui se manifeste rarement dans les cas où les enjeux sont réellement *conflictuels*, comme c'est typiquement le cas, dans les villes italiennes, des enjeux concernant la circulation (transports en commun, véhicules privés, pistes cyclables, grandes infrastructures). Elle est également rare dans le cas d'enjeux très *importants*, surtout du point de vue financier, notamment dans le cas de grands travaux (logement, aménagement urbain). Dans ces cas, c'est la concertation avec les acteurs qui détiennent les ressources financières qui va déterminer les décisions essentielles, sur lesquelles les citoyens ou les conseils de quartier seront appelés à exprimer un « avis » qui leur laissera rarement un choix entre de réelles options alternatives.

Cette exclusion des habitants concerne notamment l'adoption des plans d'urbanisme et celle des budgets des communes – c'est-à-dire les deux actes fondamentaux où se joue la mise en place de politiques de long terme. Faute de « parcours participatifs », on se contenterait souvent de la *lisibilité* des choix, mais il s'agit de documents incompréhensibles aux non techniciens (y compris bon nombre d'élus) que l'on s'efforce rarement de transformer en informations compréhensibles avant que les choix aient été faits. Malgré la multiplication des laboratoires d'urbanisme participatif, les habitants voient tous les jours s'ouvrir sous leurs yeux des chantiers, s'élever dans leurs quartiers des bâtiments, se réaliser de grands projets d'urbanisme dont ils ne savaient rien. Quand ils protestent ils s'entendent souvent répondre : « Il était impossible de faire autrement » ou même « Mais vous aviez donné un avis favorable! »

Il en est de même pour les budgets des communes, malgré la multiplication des « budgets participatifs » et la production de plus en plus fréquente de « budgets sociaux ». Les premiers ne concernent souvent qu'une portion résiduelle du budget, qu'on offre aux habitants pour qu'ils décident entre eux de ce qu'ils veulent en faire et encore, la décision sera-t-elle en général soumise à un avis de « faisabilité » de la part de techniciens qui auront le dernier mot sur le sujet. Les seconds sont souvent de purs documents d'auto-promotion des administrations : livrets pleins de graphiques et de photos captivantes qui illustrent toutes les bonnes choses que l'administration a faites sans dire évidemment ce qui n'a pas été fait ou ce qui aurait pu être mieux fait.

De plus, l'offre de participation courante se préoccupe fort peu d'inclure véritablement l'ensemble des citoyens. Puisqu'il s'agit de mobiliser des ressources et d'éviter les conflits ou de produire une bonne image, on ne cherchera pas à rejoindre ceux qui ne disposent pas de ressources intéressantes pour l'administration ou qui n'ont pas les moyens de lui causer des ennuis. C'est, bien entendu, une politique myope, car même les couches moins favorisées possèdent au moins une ressource importante, qui est celle de la connaissance de leur territoire et de ses exigences, voire de solutions non conventionnelles ; et même les couches sociales les plus faibles peuvent causer des ennuis quand l'insatisfaction se traduit en protestation. Mais les mécanismes institutionnels de la compétition politique personnalisée ne favorisent pas une vision d'ensemble de longue durée.

Cela explique aussi pourquoi l'offre de participation se traduit généralement en une suite d'épisodes discontinus, mis en place selon les besoins et les opportunités du contexte politique ou des stratégies personnelles des élus et des technocrates. Cette offre de participation est conforme à la mode dominante de « l'administration par projets » : une expression dont l'agréable saveur managériale masque la disparition de « l'administration ordinaire », c'est-à-dire l'activité quotidienne qui sert à faire face aux problèmes ordinaires des villes et de leurs habitants. Sur cette activité quotidienne, dont dépend à la fois une bonne part de la qualité de vie des habitants et une bonne part de la physionomie future de leurs villes, les citoyens ont très peu d'instruments d'initiative et de contrôle. Elle est le fait de politiciens (souvent indifférents) et de techniciens (souvent bureaucratisés), alors que les citoyens se voient offrir de temps en temps la « participation » à tel ou tel projet, minimal ou épisodique, qui satisfera le besoin de notoriété des élus ou de leur parti, ou donnera quelque pouvoir supplémentaire aux fonctionnaires.

POURQUOI OFFRE ET DEMANDE NE SE RENCONTRENT PAS ?

On comprend alors mieux pourquoi aujourd'hui demande et offre de participation ne se rencontrent pas et pourquoi la nouvelle démocratie locale mise en place au début des années 90 ne semble pas tenir ses promesses. La discussion sur les formes institutionnelles et l'engouement pour les formes expérimentales de la participation finissent par laisser dans la pénombre à la fois les objectifs et les résultats des unes et des autres, alors que tant sur les objectifs que sur les résultats les positions divergent.

En ce qui concerne les objectifs, il y a divergence sur ce que l'on entend par « participation ». La participation peut être a) **politique,** quand les citoyens, entre deux élections, ont la possibilité de connaître et comprendre, au fur et à mesure, de quelle façon l'administration va réaliser son « programme », quel ordre de priorité elle va donner à ses politiques, de quels moyens elle va se servir pour les mettre en place ; quand ils disposent d'instruments opportuns et efficaces d'intervention pour critiquer ces choix et ces moyens, proposer des options alternatives, contrôler les effets des politiques et suggérer les corrections qu'ils estiment nécessaires ; enfin quand ils ont une influence réelle sur la formation de nouveaux programmes et la sélection de nouveaux candidats au moment des élections. Ou bien, la participation peut être b) **administrative,** quand les citoyens sont appelés à aider l'administration à être plus performante, ou simplement mieux légitimée (les deux ne vont pas toujours ensemble), en lui prêtant leurs ressources de bénévolat, d'expertise, et leur disponibilité à coopérer sur des enjeux et des objectifs prédéterminés. L'une et l'autre sont utiles, mais quand l'offre de "participation" se limite à b) ou à une toute petite partie de a) c'est-à-dire à suggérer des corrections ou des choix de détail, elle devient pseudo-participation.

En ce qui concerne les résultats, il y a divergence entre ce qu'attendent les électeurs et ce qu'attendent les élus. Pour les élus, forme et substance coïncident ; ce qui compte, c'est de pouvoir affirmer que, sur tel ou tel enjeu, projet, problème, il y a eu un « parcours participatif ». Cela légitime les décisions, donne de la visibilité politique, remet aux citoyens la responsabilité de la répartition des coûts et bénéfices des politiques publiques, rend illégitimes leurs plaintes successives si les résultats ne sont pas satisfaisants. Pour les électeurs, comptent la substance - enjeux clairs, options alternatives – et les résultats – réponses motivées aux critiques et observations dans un contexte délibératif à armes égales, endossement des choix par les responsables politiques, et compte rendu des résultats. Face à cette attente, les mécanismes des dispositifs participatifs finissent souvent par être perçus comme des entraves plutôt que comme des instruments de participation, si bien que l'on recourt de plus en plus à des « facilitateurs » professionnels payés par l'administration dont le rôle apparaît souvent de « dépolitiser » les enjeux en les transformant en questions purement « techniques ».

S'ensuivent, des deux côtés, des stratégies pour dépasser cette divergence. Face à l'opacité du système institutionnel, à la complication des pouvoirs et compétences, aux résistances de la bureaucratie, aux retards dans la mise en place des dispositifs d'accès et de transparence, au pouvoir des médias, à l'usage du « secret » comme forme d'exercice du pouvoir politique et administratif, les citoyens cherchent dans les nouveaux dispositifs participatifs des occasions d'avoir enfin accès à l'information et au débat face à face avec les preneurs de décisions. Ou bien ils préféreront le raccourci d'une action de lobbying grâce aux ressources de leurs compétences, connaissances, accès aux médias, expertise. De là une certaine tendance à réclamer la co-décision négociée plutôt que des droits à l'information, à l'initiative, au contrôle et à l'auto-organisation. Les élus et les administrations, de leur côté, mettent en place des stratégies qui ont pour but principal de minimiser les conflits provenant d'une offre de pseudo-participation. Voilà qu'on se met à exalter la « délibération », qu'on négocie la co-décision, qu'on offre des formes d'incorporation dans les dispositifs institutionnels de partage de pouvoir; ou bien qu'on renforce la subsidiarité horizontale, qu'on professionnalise la participation sociale à la production de services collectifs, qu'on accentue un management intelligent avec la formation d'opérateurs ad hoc.

Si, malgré les stratégies bien-intentionnées de rapprochement réciproque, demande et offre de participation ne se rencontrent pas, c'est parce que les ambiguïtés persistent. Si par « participation » on entend quelque chose qui est le contraire de « conflit », alors ce n'est pas la participation démocratique que l'on vise. Si par « délibération » on entend un processus dont le résultat final sera conforme aux désirs et aux décisions prises en amont par l'administration, alors la participation se réduit à la gouvernabilité, qui n'est pas synonyme de démocratie.

Chapitre 9 - Japon : Participation des habitants ... au service public

Gakuto Takamura[53]

Le paradoxe de la promotion de la participation : la gouvernance urbaine à la japonaise.

Le Japon a été pendant longtemps un pays très centralisé où les fonctionnaires décidaient de tout. Mais, plus récemment, la réforme de la décentralisation a bien avancé, et l'élargissement de la participation des habitants a reçu les louanges de l'ensemble des collectivités territoriales.

On pourra, certes, attribuer ce succès à un épanouissement de la société civile japonaise, mais surtout aux stratégies de collectivités territoriales qui, souffrant d'une faiblesse de leurs finances, espèrent que la participation des habitants permettra de plus en plus de fournir des services publics. Ce sont donc plutôt les maires ou les dirigeants des municipalités qui font l'éloge de la participation des habitants et qui s'efforcent de l'institutionnaliser.

De ce fait, l'élargissement de la participation des habitants a un aspect positif, dans la mesure où la participation rapproche les habitants de la vie publique, mais elle a aussi un aspect négatif tenant à ce que les habitants doivent se sacrifier au service public et local.

LA REFORME DE LA DECENTRALISATION ET L'EVOLUTION DES MODES DE PARTICIPATION

Au Japon, l'organisation locale existe à deux niveaux : les départements, caractérisés par leur vaste superficie, et les communes, chargées de la fourniture des services de proximité.

---

[53] Professeur à l'Université de Ritsumeikan, Kyoto, Japon

Le nombre de départements est resté inchangé depuis l'instauration du système de l'ère Meiji (1868-1912). Les limites des départements sont fondées sur les unités administratives locales, instaurées au cours du 8ème siècle dans le cadre des anciens statuts, ainsi que sur les relations qui existaient entre le gouvernement shogunal et les différents fiefs au cours de l'époque d'Edo (1603-1868).

Par contre, le nombre de communes a régulièrement diminué depuis l'ère Meiji. Avant la grande fusion de Meiji, leur nombre était de 71 314. Afin d'assurer dans de meilleures conditions différents services publics, tels que l'éducation, la perception des impôts, les travaux publics, l'aide sociale et la tenue de l'état civil, le gouvernement de Meiji a réduit leur nombre à 15 859. Puis, une deuxième grande fusion a eu pour objectif d'ajuster la taille des communes aux nouvelles compétences attribuées après la seconde guerre mondiale : l'aménagement et la gestion des collèges, la mise en place du service municipal de lutte contre l'incendie, l'action sociale et la santé publique. Leur nombre passe alors à 3 975.

La troisième grande fusion de Heisei est en cours : elle a pour objectif de réduire les dépenses publiques en diminuant l'effectif des communes, et d'exercer les nouvelles compétences attribuées par la réforme de décentralisation de 1990. Actuellement, les communes sont au nombre de 1 811. Le nombre d'habitants au Japon étant de 120 millions, la taille des communes japonaises est en moyenne 40 fois supérieure à celle des communes françaises. C'est pourquoi le rôle des comités de quartier et des conseils de quartier est important pour combler l'écart entre les habitants et la municipalité.

La réforme de la décentralisation a transformé le rapport vertical entre l'État et les collectivités territoriales en un rapport horizontal, en donnant aux communes la compétence d'élaborer indépendamment leurs plans d'urbanisme, d'action sociale, etc. Depuis cette réforme, les communes disposent des compétences nécessaires pour interpréter les lois et les règlements par elles-mêmes et élargir les domaines qui peuvent être réglementés par leurs arrêtés municipaux. Ce sont là les points positifs de cette réforme.

Mais, par ailleurs, cette réforme a réparti non seulement les compétences décisionnaires en matière de politiques locales mais également les ressources fiscales. Depuis la réforme des finances publiques de 2003, l'État a considérablement diminué la dotation fiscale et les subventions spécifiques attribuées aux collectivités territoriales ; celles-ci doivent devenir responsables et autonomes dans leurs finances. Certes, les collectivités territoriales ont maintenant la compétence de fixer les impôts locaux, mais dans la pratique les recettes des communes ont considérablement diminué. Certaines communes se sont même retrouvées en situation de faillite. Mise à part la région de Tokyo qui est riche, toutes les communes ont dû diminuer leurs dépenses annuelles. Ainsi, les administrateurs des collectivités territoriales doivent, non seulement être de bons gestionnaires qui réduisent leur budget très efficacement, mais aussi être de bons animateurs, qui tirent parti de la coopération des habitants en leur faisant partager le rôle de fournisseurs de services publics locaux. D'où leurs discours promouvant la participation des habitants.

Suite à la décentralisation des pouvoirs, l'aménagement des procédures de participation à la vie politique est devenu urgent. Au Japon, il n'y a pas de loi nationale qui encadre les formalités de participation dans les collectivités territoriales. Ce sont les collectivités territoriales qui institutionnalisent elles-mêmes ces modalités. Elles ont toute compétence pour le faire par des arrêtés municipaux, à la condition que ces derniers ne soient pas contraires aux lois nationales.

Depuis l'année 2000, un décret fondamental sur l'autonomie de la commune (*Jichi Kihon Jyôrei*) institutionnalise l'accès à l'information administrative, les modalités de concertation, les méthodes d'évaluation des politiques, le processus de referendum local, l'obligation pour les maires, les élus et les fonctionnaires de respecter les lois et les règlements, les modalités de lutte contre la corruption, l'obligation des responsables de la mairie de répondre aux questions des habitants, etc. Il sert à assurer la transparence de la gestion administrative et à promouvoir la participation des habitants.

Il convient de remarquer comme une singularité propre au Japon que dans la plupart de ces arrêtés municipaux, il existe des articles qui stipulent que la collaboration (*Kyodo*) des habitants est une obligation pour les citoyens. C'est dire que l'administration et les habitants doivent dorénavant travailler ensemble pour fournir les services publics et locaux en vertu d'un principe de partenariat. Auparavant, c'était l'administration qui avait le monopole du rôle de fournisseur de services publics ; mais, face à la crise financière, les habitants doivent partager ce rôle pour assurer le fonctionnement de la vie locale et cela présuppose que les dirigeants des communes deviennent les animateurs des acteurs locaux afin de stimuler la coopération des habitants et de coordonner les différents types d'associations.

D'une manière générale, le maire et son cabinet sont favorables à une diminution des dépenses publiques et à la promotion de la participation et de la collaboration des habitants, mais les élus locaux, qui sont les représentants des intérêts particuliers de groupes secondaires et de territoires délimités, sont réticents face à la diminution du service public de la commune et à la promotion d'une participation directe des habitants sans leur intermédiaire.

Au Japon, l'élection du maire et celle des élus locaux se font séparément, et dans de nombreux cas le maire n'appartient à aucun parti politique. Des conflits entre le maire et les élus locaux ont fréquemment lieu. La raison pour laquelle le maire promeut la participation des habitants est qu'il peut invoquer la légitimité politique à son avantage : la négociation avec les élus locaux devient un obstacle aux réformes ; par contre, un dialogue direct avec les habitants peut lui mettre le vent en poupe.

À ce niveau, on constate une différence avec la France où le maire est à la fois le chef de la municipalité et le président du conseil municipal. Grâce à cette dualité, il n'a pas à craindre l'antipathie de la majorité du conseil municipal.

LES COMITES DE QUARTIER ET LES CONSEILS DE QUARTIER, NOUVEAUX FOURNISSEURS DE SERVICES PUBLICS

Comme l'a bien montré[54] le professeur honoraire Nakata, il y a partout au Japon des comités de quartier appelés *Chonaikai*. Le

---

[54] Minoru, Nakata, *Building local democracy - A sociological study of community based organization among eleven countries*, Jichitaikenkyusha, Japon, 2004.

taux d'adhésion à ces comités est très élevé, en moyenne plus de 80 %, et leurs fonctions sont très diverses et animées.

Une première fonction est la création de contacts sociaux entre les habitants par l'organise de fêtes de danse traditionnelle, de repas de quartier, d'activités culturelles et sportives.

Une deuxième fonction est de transmettre à la municipalité l'avis des habitants demandant l'amélioration de la vie de quartier. Le *Chonaikai* coordonne et exprime la volonté générale du quartier. Par son intermédiaire la municipalité peut connaître l'opinion des habitants.

Une troisième fonction est de compléter la communication de la municipalité : il distribue le journal municipal à chaque ménage et transmet l'information administrative aux habitants.

Une quatrième fonction est la cogestion des équipements et patrimoines de quartier : il gère et entretient la voirie, l'éclairage public et les espaces verts du quartier ; il possède souvent une maison de quartier et un terrain communal ; il est un bon gestionnaire.

Une cinquième fonction concerne la sécurité du quartier : il organise les patrouilles de nuit et les exercices de prévention contre les accidents ; il collabore avec les sapeurs-pompiers.

Autrefois les comités de quartier éprouvaient des difficultés à trouver de nouveaux adhérents et de nouveaux dirigeants en raison de l'urbanisation rapide, mais actuellement, parce qu'il se préoccupent de la sécurité des enfants, beaucoup de jeunes familles adhèrent à ces comités et participent à l'activité d'autodéfense. En fait, la fonction la plus active dans les comités de quartier est la patrouille pour la prévention criminelle. Récemment, il y a eu des pressions en faveur de la création d'arrêtés municipaux favorisant et stimulant ce type d'activité.

Les municipalités ont de plus en plus tendance à charger les comités de quartier des services publics de proximité : du coup, la quatrième fonction (co-gestion du quartier) devient la plus importante. Par exemple, elles chargent les comités de quartier de la gestion des jardins publics situés dans des quartiers aux budgets extrêmement faibles. Ce ne sont pas les comités de quartier qui demandent cette autogestion, ce sont les municipalités qui la leur confient, en pensant donc toujours à la manière de tirer le meilleur parti de la collaboration des habitants en vue d'assurer les services publics qu'elles ne peuvent plus fournir. Elles demandent également aux universités d'être de bonnes coordinatrices entre la municipalité et les habitants ; elles veulent aussi collaborer avec les universités pour rendre visible leur existence sur le territoire local et offrir à leurs étudiants des occasions d'enquête de terrain et de bénévolat.

Les quartiers capables de bien cogérer des équipements publics bénéficient d'un niveau élevé de sociabilité et de solidarité entre les habitants, et la satisfaction de ces derniers à l'égard de leur quartier est grande, notamment parce qu'ils n'ont pas d'inquiétude sur la sécurité. Une telle collaboration a un caractère ambigu. Elle procure à la municipalité une main-d'œuvre bon marché mais sert aussi à créer du capital social dans le quartier.

Depuis la modification de la loi fondamentale des collectivités territoriales en 2004, les communes peuvent créer en leur sein des conseils de quartier (*Chiiki-Jichi-Ku*). Le motif de la création d'une telle instance est principalement que ces nouveaux conseils puissent perpétuer la cohésion territoriale des anciennes communes qui avaient disparu à la suite de la grande fusion des communes de Heisei. Dans la plupart de cas, leur territoire correspond à celui de l'ancienne commune ; c'est dire que leur création vise à promouvoir une fusion amicale des communes en leur offrant une possibilité de survivre sous d'autres formes.

Institutionnellement, il est aussi possible que des dizaines de communes n'ayant pas fusionné mettent en place de telles instances, non pas pour se substituer aux anciennes communes disparues mais en tant qu'instruments de la décentralisation dans ces communes.

Normalement, les conseils de secteur sont composés d'anciens élus, de représentants des comités de quartier et des associations locales, ainsi que de volontaires. Ce qui est remarquable est que ces conseils de quartier ont pour fonction non seulement de participer aux processus de décision des politiques locales, mais aussi de coordonner les acteurs locaux fournissant des services publics de proximité et d'élaborer le plan local de collaboration entre la municipalité et les acteurs locaux. Il organise la coopération dans le territoire sectoriel ; c'est une importante différence avec les fonctions des conseils de quartier en France, dont la fonction principale consiste à prendre part aux décisions de politique locale.

Par exemple, à *Joétsu-shi*, dans le département de *Niigata* où la neige est abondante en hiver, il a été créé 13 conseils à l'intérieur desquels ont aussi été créées des associations d'habitants. Ces associations rassemblent tous les habitants et fournissent elles-mêmes des services publics supérieurs à ceux des communes normales : elles procèdent au déneigement des rues et des toits des maisons des habitants et des établissements publics, elles font des travaux de voirie, livrent des repas aux vieillards isolés et aident à la toilette des personnes très âgées, etc. Dans les petits villages situés en montagne, l'entraide entre les habitants est indispensable à la vie. Les municipalités qui ne disposent pas d'un budget suffisant doivent demander aux conseils de quartier et aux associations d'habitants de fournir et de coordonner de telles entraides.

Le cas de *Joétsu-shi* est un peu extrême et pourtant, partout au Japon, les habitants créent des associations pour se fournir mutuellement les services qui leur sont nécessaires. La loi sur les associations, qui équivaut à la loi de 1901 en France, a été promulguée en 1995 ; grâce à elle, les associations japonaises peuvent facilement obtenir la personnalité juridique. Toutefois, à la grande différence de la France, le motif d'obtention du statut d'association au Japon est très souvent de se voir confier des travaux subventionnés par la municipalité. Leurs ressources sont extrêmement dépendantes du secteur public. Ces associations interviennent dans des activités très diverses, telles que l'action sociale, la gestion territoriale, l'éducation, etc. mais le montant de leurs subventions est très modeste et le salaire des salariés des associations est le plus souvent inférieur au SMIC. Leurs activités sont soutenues par des bénévoles.

Ainsi, l'augmentation au Japon du nombre des associations déclarées peut ne pas être considérée comme le signe d'une plus grande autonomie ou d'un mûrissement de la société civile, mais plutôt comme le résultat de l'évolution de la collaboration entre les municipalités et leurs habitants. La personnalité juridique des associations doit être vue comme un instrument destiné à faciliter cette collaboration.

LE CAS DE LA GOUVERNANCE DE QUARTIER DANS LE CENTRE DE KYOTO

Kyoto a été la capitale du Japon depuis le Moyen Âge (794) jusqu'à l'avènement de l'époque *Edo* (1603). Elle a été inscrite par l'*UNESCO* au patrimoine mondial en raison de la richesse de son patrimoine culturel et historique. La population de Kyoto compte environ un million et demi d'habitants.

Depuis le 15ème siècle, les quartiers du centre de Kyoto ont traditionnellement toujours disposé d'une autonomie de gouvernement. Chaque quartier était délimité par des portes qui étaient fermées la nuit ou lorsque se produisait un crime. Les habitants de ces quartiers s'auto-défendaient contre les dangers de l'extérieur en organisant des patrouilles ; ils étaient propriétaires de la voirie de leur quartier et étaient chargés de la gérer. Ainsi, les quartiers de Kyoto constituaient une sorte de *Gated Community*, à l'intérieur de laquelle le gouvernement d'*Edo* n'avait aucun pouvoir. Ils disposaient de leurs propres sapeurs-pompiers pour se protéger et de leur propre système de justice pour régler les conflits de voisinage.

Cette autonomie a été supprimée à l'époque de Meiji (1889). Cependant, au début de cette époque, tous les quartiers du centre de Kyoto ont construit eux-mêmes les bâtiments de leurs écoles primaires, et les habitants ont participé à la construction. Ces bâtiments constituent encore aujourd'hui le symbole de l'autonomie des quartiers.

De nos jours, les comités de quartier de Kyoto sont très actifs parce qu'ils constituent les unités qui organisent la grande fête traditionnelle d'été (*Gion Matsuri*).

Chaque quartier possède une sorte de grand char traditionnel pour la parade, appelé *Yamahoko*.

Tous les habitants du quartier prennent part à la parade et aident à tirer leur char sur lequel se produisent un groupe de musique traditionnelle et des danseurs.

Auparavant les habitants s'étaient réunis chaque jour afin de préparer le char pour la parade.

Ce qui est remarquable parmi les actions récentes des comités de quartier est qu'ils aient créé depuis 1990 une convention de quartier dans le but de restreindre la liberté de construction (*Kenchiku-Kyotei*). Cette convention a pour objectif de limiter la hauteur maximale des nouveaux bâtiments en interdisant dans le quartier la construction d'immeubles de grande taille.

Depuis 1990, les terrains du centre de Kyoto sont devenus l'objet de la spéculation de sociétés immobilières qui les ont achetés pour construire des immeubles de grande hauteur. Parce que cela signifiait non seulement la disparition des maisons traditionnelles appartenant aux habitants qui étaient aussi les principaux acteurs de la fête traditionnelle, mais aussi par voie de conséquence la disparition de la fête, du paysage et de la culture historique des quartiers, ces projets immobiliers ont provoqué une réaction immédiate de la part des habitants : ils ont créé et signé des conventions restrictives de la liberté de construction.

Le système juridique japonais favorise les initiatives des habitants créant des réglementations locales afin de préserver le paysage et le cadre de vie de leur quartier. Si les habitants donnent leur accord à la municipalité pour une réglementation ou une convention, la municipalité donne alors à celle-ci un effet juridique. Même si les propriétaires changent en raison des achats de propriété ou des successions, une convention restrictive reste valide pour les nouveaux propriétaires. La nature de cette convention est de l'ordre du droit privé, mais son effet juridique sera prorogé par un acte déclaratif officiel.

À Kyoto, il existe actuellement 71 conventions restrictives s'appliquant à la construction. Dans la plupart des cas, ce sont les comités de quartier qui en ont été les promoteurs. On y retrouve les traces de la tradition de l'autonomie de quartier.

Ce qui est le plus surprenant est que les comités de quartier disposent d'un droit de préemption sur les terrains et les propriétés vacants dans leur quartier, afin d'éviter que des gens de l'extérieur les rachètent. Les habitants redoutent l'invasion de gens qui n'aimeraient pas participer aux activités du quartier. En exerçant leur droit de préemption, les comités de quartier sélectionnent les nouveaux propriétaires qui semblent les plus favorables à leur quartier.

Comment trouve-t-on les financements nécessaires à l'exercice du droit de préemption sur des biens immobiliers ? Le char de la parade de la fête d'été (*Yamahoko*), considéré comme un élément du patrimoine historique de très grande valeur, est évalué à plusieurs millions d'euros. Il sert de garantie à une banque qui peut ainsi prêter au comité de quartier les fonds nécessaires.

Un tel système économique pourra être critiqué et considéré comme reflétant le caractère fermé des gens de Kyoto ; quoi qu'il en soit, il démontre à quel point l'autonomie des quartiers du centre de Kyoto est encore vive et puissante. L'activité y est plus dynamique que partout ailleurs au Japon ; la sécurité y est parfaitement assurée : le paysage et l'alignement des rangées de maisons sont soigneusement préservés. Ainsi Kyoto attire chaque année environ 50 millions de touristes, ce qui procure à la ville d'importantes ressources.

Finalement, au Japon la participation des citoyens signifie leur engagement dans les activités des comités de quartier plutôt que l'expression de leur opinion ou leur participation au processus de décision des politiques locales. La raison d'une telle singularité réside dans la taille historiquement considérable du territoire des communes et dans le fait que les comités de quartier sont les principaux fournisseurs de services publics nécessaires à la communauté. Les municipalités, qui souffrent d'un déficit budgétaire chronique, ont donc besoin d'encourager la collaboration des habitants.

Cette collaboration à la japonaise a un caractère ambigu : elle exige des habitants qu'ils sacrifient de leur temps libre et qu'ils travaillent bénévolement, mais elle crée une forte solidarité entre eux et une grande fierté de leur part à l'égard de leur quartier. À Kyoto, la coopération des habitants fonctionne bien en se basant sur la tradition d'autonomie des quartiers ; et elle contribue au bon fonctionnement des municipalités, à la fois sur le plan économique et sur le plan humain. Mais, dans les régions où une telle tradition historique d'autonomie n'existe pas, on peut douter que la collaboration des habitants puisse se substituer à la fonction publique de la municipalité. Ainsi, dans les communes où il existe une faible sociabilité entre les habitants et où la situation budgétaire est mauvaise, le cadre de vie et la qualité de vie ont tendance à se dégrader. Bref, le décalage entre territoires est en train de se creuser. Et le déclin du rôle politique du gouvernement en tant que redistributeur de richesses et fournisseur de services publics a tendance à augmenter ce décalage. La promotion de la participation et de la collaboration des habitants à la manière japonaise ne semble donc un modèle ni durable ni universel.

Chapitre 10 : Québec - Pour une démocratie territoriale

Roméo Bouchard[55]

Au Québec, comme dans beaucoup d'autres pays, les citoyens, réduits au rôle de consommateurs ou de clients de l'État, se désintéressent de la politique. Leurs efforts pour prendre en charge leur milieu sont annulés par des décisions de multinationales apatrides et par des politiques étatiques centralisées. Les structures étatiques québécoises mises en place au cours des années soixante, pour sortir la Province de sa sujétion économique et culturelle, ont contribué à aggraver la situation en centralisant les services et les équipements collectifs. Le fossé s'est élargi entre l'agglomération de Montréal (où sont concentrés la moitié de la population du Québec et la plupart des médias et équipements collectifs) et les «régions».

Le déficit démocratique

Déjà en 1977, René Lévesque devenant Premier ministre affirmait : *«Il est urgent de réviser la répartition des pouvoirs dans notre collectivité»*. Pourtant, sourd aux appels des collectivités locales et régionales qui réclamaient plus d'attention et d'autonomie pour se prendre en charge, l'État québécois s'est contenté depuis de saupoudrer sur le territoire de l'argent, des programmes, des guichets régionaux et des structures de concertation sans pouvoirs de décision et sans ressources financières autonomes. De la gouvernance sans gouvernement, en vase clos, sans démocratie politique, sans participation des citoyens au pouvoir. Les collectivités locales et régionales n'ont toujours pas d'existence ni de véritable représentation politique. À tel point que les citoyens ne

---

[55] Coordonnateur de la *Coalition pour un Québec des Régions*.
http://www.libererlesquebecs.com

voient plus l'utilité de participer à la politique. La démocratie ne fonctionne pas sur notre territoire.

La Coalition pour un Québec des Régions est née de cette impasse, de la prise de conscience de ce déficit démocratique, et de la conviction que les citoyens peuvent se prendre en charge si on leur permet d'exercer leur pouvoir de citoyens, si on redonne le pouvoir au peuple au lieu de le concentrer dans l'État. Elle regroupe des personnes de toutes les régions, à titre personnel, en dehors de toute allégeance politique ou institutionnelle, car les gens en place ne veulent rien céder.

L'objectif de la Coalition est de regrouper les citoyens des 17 régions du Québec pour définir et mettre en place des gouvernements territoriaux démocratiques, dotés de pouvoirs et de ressources autonomes, afin de permettre aux collectivités de se prendre en charge. Pour la Coalition, décentralisation doit signifier démocratisation et non rationalisation administrative ou désengagement de l'État. La décentralisation du pouvoir constituerait ni plus ni moins qu'une deuxième «Révolution tranquille», visant à redonner aux collectivités locales et régionales les pouvoirs conquis par la génération précédente.

DES ÉTATS GENERAUX CITOYENS ET CONSTITUANTS POUR DEFINIR UNE DEMOCRATIE TERRITORIALE

Pour définir ce régime de démocratie territoriale, la Coalition fait appel aux citoyens des 17 régions eux-mêmes. Dans chaque région, ceux-ci sont invités à préparer des États généraux constituants du Québec des Régions, prévus pour le printemps 2009, où ils seront appelés à se prononcer sur des propositions qui auront été préalablement discutées dans leur région et pourront servir de base à la constitution d'un Québec fondé sur ses communautés locales et régionales. Le cahier de consultation préparé à cet effet s'organise autour d'une quinzaine de questions aux citoyens, dont le but est de définir cette démocratie territoriale et la répartition des pouvoirs entre collectivités.

Ces questions concernent d'abord la nécessité d'une telle répartition et l'identification des collectivités et territoires naturels susceptibles de permettre l'exercice de la démocratie. Elles invitent ensuite à préciser les pouvoirs et les ressources financières dont doivent être dotées ces instances territoriales, tout en permettant à chaque région d'adopter les mécanismes de gouvernement local et régional qui conviennent le mieux à ses particularités et à la volonté de ses citoyens. Cette flexibilité est jugée essentielle à l'exercice d'une véritable démocratie. Il faut à tout prix éviter de centraliser la décentralisation, c'est-à-dire d'imposer un modèle unique par en haut au lieu de permettre aux collectivités concernées de définir la façon dont elles veulent se gouverner à l'interne.

Ensuite, les citoyens sont invités à préciser les mécanismes de participation qu'ils souhaitent mettre en place dans ces instances territoriales. L'élection des représentants et dirigeants au suffrage universel, mais aussi les mécanismes de participation en dehors des élections, tels les consultations obligatoires, les initiatives populaires, les mécanismes de rappel des élus, les mesures de discrimination positive pour les groupes défavorisés par le système, le rôle des organismes communautaires, des groupes de pression, ce qu'il est convenu d'appeler hypocritement «les représentants de la société civile», concept utile pour masquer les rapports de force dont se nourrit la démocratie véritable.

On invite également les citoyens à définir les mécanismes de solidarité interrégionale et provinciale qu'ils estiment souhaitables, les mécanismes de regroupement territorial et de péréquation, mais aussi une redéfinition du rôle du pouvoir central dans un Québec des Régions : un rôle d'orientation, de coordination et de rassembleur, plus qu'un rôle de contrôle et d'uniformisation.

Enfin, la décentralisation implique forcément une démocratisation du système de représentation politique lui-même : carte électorale, mode de scrutin, élection du Chef de l'État, désignation du gouvernement, rôle des partis politiques à l'Assemblée nationale, contrôle populaire du système judiciaire, etc. Dans un pays de tradition parlementaire britannique comme le Québec, le système électoral et parlementaire est à l'opposé d'une représentation équitable des citoyens et des régions. On doit encore se battre pour un mode de scrutin proportionnel et pour le contrôle de l'Exécutif par l'Assemblée législative. Cette réflexion est aussi l'occasion de poser la question de l'opportunité d'une Chambre des régions pour compléter la représentation démographique à l'Assemblée nationale par une représentation territoriale égalitaire (et pourquoi pas paritaire, hommes-femmes). La crise actuelle des territoires et des régions exige qu'on mette en place des nouveaux mécanismes de représentation territoriale.

Enfin, la Coalition voudrait que le régime de démocratie territoriale adopté aux États généraux fasse l'objet d'un référendum lors des élections municipales générales qui suivront.

La mobilisation est amorcée dans la plupart des régions. La démocratie territoriale apporte un éclairage nouveau à de nombreux de débats comme le déclin des régions périphériques, le développement régional, la réforme de la carte électorale, du mode de scrutin et du système politique, la gestion des ressources naturelles, de l'eau, de l'environnement, des écoles, l'aménagement du territoire, la vie communautaire, l'exercice de la justice, etc. D'où l'intérêt qu'elle suscite, surtout chez les jeunes, malgré le scepticisme de ceux qui croient que le citoyen est mort et qu'il y a déjà trop de structures. « La décentralisation, écrivait justement René Lévesque, c'est d'abord un acte de confiance envers les individus et un appel à leur créativité ».

LA MYSTIFICATION DE LA GOUVERNANCE

À l'opposé d'une démocratie territoriale, les grandes entreprises et les gouvernements tentent depuis quelques années d'imposer un type de gouvernance centré sur la concertation des « intervenants économiques, politiques et civils ». Cette gouvernance est en fait un mode de gestion en cercle fermé qui permet aux dirigeants économiques et politiques d'évacuer les rapports de force et le processus démocratique véritable, celui où les citoyens détiennent la souveraineté et l'exercent par des mécanismes politiques et, au besoin, judiciaires. Cette gouvernance sert de couverture et d'impunité au pouvoir économique et à ses alliés politiques.

La régionalisation effectuée par l'État depuis quarante ans va dans le même sens. Elle est une décentralisation administrative et non démocratique. Elle décentralise la gestion et non le pouvoir. Elle installe une gouvernance consensuelle, sélective, complexe et trompeuse, au lieu de faire fonctionner des gouvernements locaux démocratiques et ayant à rendre compte. Elle choisit ceux qui font partie de ce réseau de « tours de table », « forums », « conférences », « conseils », « agences », « comités » qui fonctionnent en vase clos et ne sont imputables à personne. Elle réserve à l'État la souveraineté qui appartient au peuple, aux collectivités locales et régionales. La démocratie actuelle fonctionne sur la tête : au lieu de s'édifier à partir de la base, sur le territoire et les collectivités territoriales, elle se concentre dans l'État. Il faut la remettre sur ses pieds. Ce n'est pas l'État qui est souverain, c'est le peuple : tout pouvoir vient du peuple.

UN PROJET POUR LES JEUNES ET L'AVENIR

La solution au blocage de notre société et à l'hypertrophie de l'État n'est pas la privatisation tous azimut et la confiance aveugle dans la main invisible du marché, comme on veut nous le faire croire, mais la décentralisation démocratique des pouvoirs. Mettre l'État au service du territoire, responsabiliser les communautés face à leur environnement et à leur développement, leur redonner la fierté de leur identité et le contrôle de leurs ressources, les moyens de se gouverner elles-mêmes selon leurs besoins propres, tout en restant solidaires des autres régions, du pays et du monde.

Pour la Coalition, il n'est pas trop tard pour lancer cette révolution démocratique. Face à la croissance irresponsable, il n'y a guère d'autre réponse possible que la volonté de faire fonctionner la démocratie ; la croissance néo-libérale, sous la dictature des actionnaires, ne cesse de marginaliser des régions, des pays, des continents. Il faut démocratiser la croissance en la soumettant au pouvoir des citoyens. À la croissance apatride et irresponsable, il faut opposer la croissance démocratique et territoriale. Nous croyons, comme les jeunes nous l'ont rappelé à plusieurs reprises dans les rencontres régionales, qu'il faut juste commencer quelque part.

CHAPITRE 11 : SUISSE - UNE COMPARAISON AVEC LA FRANCE

Martin Buhler[56]

Habitué depuis l'enfance à aller voter avec mon père quatre fois par an, j'ai pris conscience très tôt que la citoyenneté impliquait fondamentalement le partage des décisions politiques. Je me souviens très bien comment mon père se préparait, avec beaucoup de fierté et de joie, pour prendre le chemin des urnes ; il était encore plus heureux que s'il devait se rendre à l'église, alors même qu'il prenait la religion très au sérieux. Lorsque j'étais enfant, le rituel des urnes faisait partie de mon quotidien. Elles étaient installées à la bibliothèque de quartier et on y rencontrait les voisins et les amis pour discuter et prendre l'apéritif. Le vote était un événement social et faisait partie de notre culture helvétique. Que les femmes aient été exclues du droit de vote jusqu'en 1971 reste certainement l'une des faces sombres de l'histoire de la démocratie suisse. Mais cette dernière n'est-elle pas caractérisée par l'acceptation du fait que l'évolution progressive et pacifique des mentalités prenne du temps, comme si l'on attendait que la nécessité du changement devienne forcément plus visible après une crise ou une guerre ? L'introduction tardive du droit de vote des femmes n'est pas une conséquence de la démocratie directe, mais l'expression des valeurs et des normes des citoyens de notre société, qui peuvent les exprimer et les articuler grâce à la démocratie directe.

La politique et la participation politique aux décisions politiques sont en Suisse des expériences quotidiennes qui imprègnent aussi bien la conscience des citoyennes et citoyens que celle de toute élite politique. Il nous paraît évident de faire des propositions, d'en discuter et de susciter débats et décisions populaires indépendamment des intérêts des élites. C'est ainsi qu'une discussion a été

---

[56] Secrétaire-général de *l'Initiative & Referendum Institute* : www.iri-europe.org

provoquée dans les années 1980 grâce à l'initiative populaire portant sur l'abolition de l'armée : cette initiative brisa un tabou de la société helvétique et ouvrit de nouvelles perspectives. Grâce à cette initiative, la classe dominante et ses représentants en politique se trouvèrent confrontés à la réalité selon laquelle nous nous étions libérés du dogme de la défense nationale. Ce principe, certes justifié pendant la seconde guerre mondiale, était devenu obsolète dans les années 1980 et il risquait de gêner d'autres perspectives d'évolution. La société était bien plus ouverte, tolérante et moderne que ce que les élites en disaient, la votation les a contraintes à prendre en considération ce changement d'attitude.

Les hommes politiques de droite comme de gauche avaient et ont encore aujourd'hui vraiment conscience du poids de l'initiative et du référendum dans la réussite historique de la Suisse et l'évolution d'un Etat efficace. Cette évolution exige - même en Suisse - un débat approfondi sur la signification et le renforcement de la démocratie. Il n'est pas certain que tout le monde sache que la démocratie directe avec son cortège de droits populaires multiples et contraignants n'a pas été enfantée par la Suisse. En effet, elle est un produit de la Révolution française qui avait trouvé en Suisse un sol fertile et qui exigeait un changement de cadre politique apparaissant naturel de nos jours. L'évolution de la démocratie et des droits populaires fut toujours la conséquence de changements internationaux dus à un tournant économique et social. La démocratie en Suisse n'est pas pensable sans l'Europe, notamment sans la France, ce qui reste peu connu en Suisse. En revanche, que la démocratie soit oubliée en Europe et en particulier en France m'a étonné en tant que citoyen suisse.

LA DEMOCRATIE DELIBERATIVE

J'ai très vite compris, au fil de mes premières rencontres avec les citoyennes et citoyens français, que la compréhension des catégories démocratiques n'était pas partout la même. Au début de cet apprentissage, rendu possible par la venue d'un voyage d'études sur la culture politique suisse, nos amis français ont présenté le concept de délibération comme l'une des innovations les plus importantes pour la démocratie, en expliquant ce qu'elle impliquait : débats publics, intervention du citoyen et votes consultatifs. Je n'ai pas compris le contenu et les objectifs de la

« délibération » et je n'ai pas saisi ce qu'il y avait là de novateur et de progressiste. Je suis habitué depuis l'enfance au fait que la politique mène à des débats dans lesquels les citoyennes et les citoyens s'impliquent, ainsi qu'à la publicité des positions politiques des individus et des groupes.

Grâce à l'initiative populaire et au référendum, les femmes et les hommes et en particulier les plus intéressés d'entre eux, se trouvent en Suisse dans un processus solide de discussion. Lorsque quelqu'un pense que la distance entre la politique et la société est trop grande ou que ses intérêts propres ne sont pas pris en considération, lorsque quelqu'un a le sentiment que la politique va dans la mauvaise direction, alors il lance au moyen de l'initiative ou du référendum des discussions pouvant durer plusieurs années. On ne conçoit pas une initiative tout seul, même si l'on possède beaucoup d'argent, mais seulement lorsque d'autres personnes partagent la même préoccupation. L'instant où quelqu'un commence à penser à une initiative ou à un référendum représente le début de la communication sur le thème. Au contact d'autres personnes, l'individu ou le groupe exposent leur idée, précisent l'objectif et évoquent les conséquences d'un succès possible. Il s'agit d'évaluer le projet et sa faisabilité et de gagner des alliés pour que ce projet soit mis en oeuvre. Pour ce faire, il n'y a pas besoin d'un accord de l'Etat ou de la présence d'une structure étatique. Si les alliés sont trouvés et si la perspective d'un succès se dessine, alors un comité chargé de la formulation et de la publicité du projet est créé. Le débat est public ; les citoyens et les hommes politiques s'émancipent à l'égard des gouvernements et des assemblées parlementaires dès les premières prises de position ; les arguments sont échangés ; les positionnements sont expliqués et atteignent un degré optimal. Avec le début de la collecte de signatures, les premières réunions sont organisées, la presse fait état du sujet, les gens sont interrogés dans la rue, de nouveaux partenaires sont acquis et des forces d'opposition émergent et s'expriment. Si la récolte de signatures est couronnée de succès, la discussion entre dans sa phase politique institutionnelle, les initiateurs devant chercher un parrainage d'hommes politiques et d'acteurs de la société civile. Dans la campagne précédant la votation toutes ces discussions sont à leur apogée entre défenseurs et opposants, avec le gouvernement, avec les partis et les groupes d'intérêts. Les médias informent, rendent compte des réunions, lancent des débats et prennent position. Dans la rue, des affiches aussi bien pour les défenseurs que pour les opposants du projet incitent les citoyennes et citoyens à prendre position et à être actifs. Si l'on considère qu'il existe au moins quatre votations par année à des dates prévues et à tous les niveaux politiques (commune, canton, Confédération), il est clair que la « délibération » est en Suisse un processus continuel, sans cesse recommencé.

EFFICACITE ET CONSEQUENCES

Les discussions intensives, l'évolution publique des projets politiques et les partenariats avec d'autres acteurs requièrent la constitution de rapports constructifs liés au thème concret de l'initiative ou du référendum. Les propositions qui sont faites grâce à l'initiative ainsi que la résistance à un projet du gouvernement ou du parlement par le biais d'un référendum exigent l'établissement d'une communication constructive et objective. Les relations avec les amis et les opposants se déroulent de manière respectueuse et digne, car qui sait si l'opposant d'aujourd'hui ne sera pas le partenaire de demain. Le seul parti ayant rompu avec cette culture, le SVP[57], a subi comme conséquences la révocation de son conseiller fédéral Christoph Blocher et la scission par création d'un second parti centriste[58]. La conscience du fait que tous les grands projets doivent être soumis à la votation permet une planification réaliste des politiques aussi bien au sein du gouvernement que du parlement. Les groupes intéressés sont alors consultés de manière large et invités à s'exprimer. Un projet qui rencontre une grande résistance ou qui est perçu comme trop ambitieux court le danger d'être défait par une votation référendaire.

Pour cette raison, la politique en Suisse fait rarement de grandes avancées ou des sauts révolutionnaires ; elle reste très proche de la réalité sociale et conserve de ce fait une forte légitimité. Cela explique également la forte approbation que les propositions émanant du parlement et du gouvernement obtiennent. Seulement 7% des projets de loi sont combattus par un référendum facultatif

---

[57] Schweizerische Volkspartei ; en français : Union Démocratique du Centre
[58] Les membres libéraux de l'UDC ont fondé le parti BDS (Bourgeois-Démocratique Suisse)

et seulement 3% des lois officielles ont été refusées par le peuple. Parmi les 160 initiatives qui ont été introduites depuis le droit d'initiative en 1891, le peuple en a accepté 15. L'expérience fait apparaître que le peuple décide des projets de lois et de politiques publiques sans s'engouffrer dans le piège d'une insatisfaction générale ou d'une opposition de fond et passionnelle à l'égard du gouvernement et de la « classe politique ».

La démocratie directe ne mène en aucune façon à l'ingouvernabilité, au chaos ou à l'anarchie, mais complète le système représentatif au sein d'un Etat. qui est en adéquation avec les besoins des citoyennes et citoyens et qui lance des politiques efficaces et soucieuses du bon emploi des deniers publics. Puisque toutes les forces sociales et même les individus peuvent s'unir et décider ensemble, le climat de transparence et de tolérance s'est diffusé en renforçant le sens de la responsabilité.

ETONNEMENT

Etant donné cette expérience et l'évidence d'un partage politique du pouvoir entre le peuple et les élites politiques, la rencontre avec la politique française a été source de perplexité. Je ne pouvais pas m'expliquer d'où provenait la méfiance profonde envers les hommes politiques, ni les conséquences qu'elle entraînait, à savoir la désaffection des citoyens. Des discussions sur l'incapacité du système à changer, sur la défense des bénéfices et des intérêts particuliers par les hommes politiques, sur la « classe politique » fermée sur elle-même et s'éloignant de la réalité des citoyennes et citoyens m'ont convaincu que la système représentatif et centralisé de la Vème République avait créé en France un fossé entre la politique et la société.

C'est avec étonnement que j'ai perçu, en tant que Suisse, qu'en France on ne faisait pas confiance à la compétence des citoyennes et citoyens pour décider et formuler des propositions réalistes, même quand il arrive qu'on leur en laisse la possibilité. En tant qu'ancien président de la commission d'examen des comptes du conseil municipal de ma ville, je ne comprends pas comment on peut refuser en tant qu'élu la parole aux citoyens seulement par crainte de voir son propre pouvoir diminuer et son rôle de représentant perdre de sa valeur. « L'Etat c'est moi » semble encore être partiellement d'actualité chez les femmes et hommes politiques français, ce qui a de quoi étonner les Suisses. Ici, la participation populaire a tout à fait un résultat à l'opposé en ce qu'elle permet plus de reconnaissance mutuelle : le travail des hommes politiques est corrigé de manière solide, renforcé et légitimé sur tous les plans par la proximité avec les citoyennes et les citoyens grâce aux effets contraignants des initiatives, des référendums et des décisions par votation populaire. L'idée selon laquelle les hommes politiques et les citoyens dépendent les uns des autres pour pouvoir mener une bonne politique crée en Suisse plus de confiance générale et moins de défiance politique.

L'étonnement culmine avec la considération du pouvoir du président de la Grande Nation. Qu'une personne au sein d'un Etat démocratique moderne concentre autant de pouvoir, qu'elle acquière presque un statut équivalent à celui d'un roi, nourrit le phantasme suivant : la France est rongée par le remords d'avoir exécuté Louis XVI en 1793, si bien qu'avec chaque président elle revient à cette référence d'une domination absolue. D'un autre côté, on a l'impression que les hommes politiques craignent le peuple, perçu comme incompréhensible depuis 1789 ; c'est pourquoi on lui accorde très peu de pouvoir d'intervention au sein des affaires publiques. On lui demande son avis uniquement lorsque le président l'estime nécessaire ; et, si le peuple est d'une autre opinion que celle du président lors d'un tel plébiscite, on n'est pas obligé d'en tenir compte, ce qui pour nous est incompréhensible. Une consultation venant de la majesté de l'Exécutif ne pourra jamais provoquer une discussion objective, mais fournira l'occasion d'exprimer de la méfiance vis-à-vis de la politique, ce qui n'a alors plus rien à voir avec la démocratie directe.

Si le pouvoir de décision du peuple était inscrit dans la Constitution, si les citoyennes et citoyens avaient à disposition des instruments leur permettant, en dehors des échéances électorales, d'intervenir de manière contraignante dans la vie politique, si la croyance en un peuple souverain était partagée par les femmes et hommes politiques, alors la confiance en la politique et envers les élites politiques pourrait renaître. C'est seulement de cette manière qu'on pourra réinvestir les ressources et les compétences des citoyens dans une politique ayant l'exigence du bien commun et tournée vers l'avenir.

CONCLUSION

PRIORITE A LA REFORME DES INSTITUTIONS ET, POUR LA REFORME, PRIORITE AUX CITOYENS

Après avoir minutieusement recensé et dénoncé les caractéristiques anti-participatives de la République française en sa territorialisation, il est facile de deviner que la principale de nos conclusions portera sur l'urgence d'une réforme qui, au lieu de compter sur l'inventivité locale de palliatifs participatifs, viserait les innombrables barrages que les institutions et les pratiques qui leur sont liées opposent à la participation des citoyens à la vie politique locale. « *Alors que sont déployés, dans les quartiers, les communes, les agglomérations, les départements et les Régions, quantité de dispositifs d'incitation à la participation aussi ingénieux que coûteux, la priorité devrait être donnée à la suppression des obstacles que dressent contre la participation citoyenne des structures obsolètes sur lesquelles les citoyens n'ont ni visibilité, ni prises* »[59]. Autrement dit, combattons sérieusement la dissuasion structurelle subie par les citoyens au jour le jour de la vie de leur territoire, plutôt que de leur offrir sans cesse de nouveaux appâts participatifs.

Redisons une dernière fois que nous ne dénigrons aucunement l'intention participative affichée par tant de majorités localement au pouvoir, mais que nous croyons qu'elle est actuellement mal ciblée et souvent un leurre. Mal ciblée parce que visant des bribes du fonctionnement d'une collectivité territoriale, au lieu de viser le cadre défectueux de ce fonctionnement. Par exemple, les budgets participatifs emblématiques : tous les élus locaux reconnaissent que, les choses étant ce qu'elles sont, ils ne peuvent eux-mêmes agir sur leurs recettes et leurs dépenses qu'à la marge ; ce qu'ils proposent donc aux habitants, c'est de se prononcer sur la marge d'une marge ; dès lors, ne serait-il pas plus judicieux d'essayer de mettre fin à l'état de dépendance et d'opacité dans lequel sont les finances locales ? Par ailleurs, le risque est grand que les dispositifs dits participatifs soient un leurre, tant pour les élus que pour les

---

[59] Conclusions de la Rencontre de Grenoble, 17 novembre 2007.

citoyens. D'une part, tout ce qui a pour base un échantillon de citoyens, aussi scientifiquement qu'il ait été composé ou aussi chouchouté qu'il soit, n'entraîne nullement la population à participer davantage ; c'est plutôt le contraire. D'autre part, même les diverses actions participatives s'adressant à l'ensemble des habitants peuvent avoir des effets défavorables : des élus qui se sentent ainsi mieux informés et dédouanés vis-à-vis du dogme participatif risquent d'agir plus autoritairement et d'être encore moins enclins à s'intéresser aux racines de la désaffection civique ; donc d'être moins disponibles pour impulser les réformes de fond nécessaires.

POUR LA REFORME, PRIORITE AUX CITOYENS

Compte tenu des constats faits tout le long de ce livre, la place centrale dans le processus de réforme à engager devrait revenir aux habitants de nos collectivités territoriales et non, aussi bien intentionné soit-il, à un aréopage d'hommes politiques et d'experts ; cette revendication est à poser, certes par un souci – fort légitime, même si certains l'estiment populiste – de démocratie ascendante (en anglais, *bottom up*), mais surtout par la conscience que nous pouvons avoir de la possibilité, de la part des citoyens, d'une contribution tout à fait spécifique et inégalable.

Valeur unique et irremplaçable du point de vue des habitants

On fait fausse route si l'on ambitionne de hausser l'expertise et la vision des citoyens jusqu'à rejoindre celles de leurs dirigeants, car les points de vue – tout particulièrement concernant une réforme institutionnelle – ne sont pas identiques. L'élu est un acteur spécialisé, se démenant sur et pour le territoire qui l'a élu. Il en est le champion attitré, tantôt savamment et obstinément sur la défensive contre les menaces du monde extérieur, tantôt en quête de victoires et de butin pour l'économie locale. Le « mille-feuille » de l'organisation territoriale française est son terrain d'aventure et la garantie de sa propre mise en valeur : il se bat en faveur de son fief électoral, sa 'feuille' du mille-feuille, tantôt contre l'Etat (bureaucrates parisiens et technocrates décentralisés[60]), tantôt

---

[60] Le mot exact est « déconcentré », mais il a un second sens fâcheux.

contre les autres 'feuilles', autrement dit contre des élus d'autres niveaux du mille-feuille, tantôt enfin contre des élus de même niveau, voisins plus ou moins proches et homologues, positionnés sur la même 'feuille' que lui. Son titre de gloire, c'est de réussir ses interventions et ainsi de montrer à ses électeurs qu'il a eu plus d'habileté ou de clairvoyance ou de connexions utiles[61] que ses interlocuteurs, et qu'il ramène au pays des avantages inespérés.

Or les habitants, pour peu qu'ils réfléchissent, ne voient pas du tout les choses de cette façon : le fameux mille-feuille, à chacun de ses niveaux et dans l'ensemble de ses niveaux, c'est eux, toujours eux ! Les marchandages ou bras de fer continuels au sein du mille-feuille ne leur rapportent strictement rien : toute dépense sera – en définitive et de toute façon – financée par eux, en tant que contribuables qui peuvent d'ailleurs craindre qu'elle sorte de ces palabres plutôt alourdie qu'allégée ; quant au résultat final, il sera jugé par eux, en tant qu'administrés ou usagers, sur sa qualité intrinsèque et non sur ce qui l'a précédé, les péripéties des luttes d'influence, des querelles de compétence et de répartition du financement.

Dès qu'il est question de réformer l'organisation territoriale française, les élus réagissent en fonction de leur circonscription et du rôle qu'ils y tiennent, tandis que les électeurs, eux, appartenant simultanément à tous les niveaux de circonscriptions, depuis celui du conseil de quartier jusqu'à celui des régions européennes, réagissent en fonction de l'ensemble et sans avoir de siège représentatif à défendre en particulier. De fait, la différence des perspectives est frappante, et leur réconciliation est d'autant plus problématique que la perspective propre aux citoyens est, pour les politiciens ainsi que pour les médias qui leur emboîtent le pas, largement *terra incognita* ; on l'a bien vu lorsque, une fois réalisée la réforme constitutionnelle, la réforme de la démocratie locale est venue à l'ordre du jour[62] et a été essentiellement présentée sous forme d'un meccano à simplifier. Or, l'idée qu'il y a trop d'échelons et qu'on réglera tout en en supprimant ou fusionnant un ou deux est purement technocratique si on ne la fait pas précéder de l'idée que ce qui compte c'est la prise que peuvent avoir les gens sur leur

---

[61] On retrouve ici les avantages (et une explication) du cumul des mandats...
[62] Entretien du président de la République au journal *Le Monde* (17 juillet 2008), suivi d'une floraison de suggestions à ce sujet.

système public territorial afin d'en fixer les grandes règles et les principales orientations, d'en surveiller la bonne marche et d'arriver ainsi à bénéficier du meilleur environnement possible pour leur vie sociale et pour leur vie privée. Du point de vue des simples citoyens, le but idéal des réformes est de pouvoir désormais comprendre, guider, évaluer et corriger en continu ce fonctionnement territorial. Combien secondaires apparaissent alors ses découpages, ses appellations et ses divers rouages !

Un point de vue sans égal, mais aussi sans expérience

De nos jours, les habitants se voient volontiers reconnaître, souvent pour les flatter et sans trop y croire, leur « expertise d'usage » ; celle-ci les rendrait dignes d'entrer en partenariat avec le savoir des experts et le talent des élus. Or, pour la réforme ici souhaitée, les choses ne sont pas si simples : même si les portes leur étaient grand ouvertes, les citoyens ne sont pas prêts à accoucher du jour au lendemain de nouvelles institutions pour la démocratie locale, eux qui y ont été peu ou prou considérés *persona non grata* et qui ont peu de secours à attendre de leurs interlocuteurs habituels, académiques ou politiques.

S'imaginer que des habitants et leurs associations, confinés dans des questions de proximité et idéologiquement dissuadés de s'intéresser de si loin à la structuration de la République, aient jamais eu l'opportunité d'acquérir une compréhension et une capacité à innover en ce qui concerne le fonctionnement de leur démocratie locale serait tomber dans un piège ; et il en sortirait forcément du bâclage, des passages en force des lobbies les mieux incrustés et finalement une grande frustration des militants voyant qu'ils ne disposent pas du dynamisme suffisant pour être les instigateurs – et non, comme d'habitude, les sujets – de cette réforme. Un apprentissage est donc nécessaire, dans un processus tranquille de bilan et d'invention, qui donnera progressivement aux citoyens les moyens de jouer leur rôle.

D'un côté, on peut souhaiter qu'ils fassent cet apprentissage en commun avec leurs partenaires habituels, élus et fonctionnaires territoriaux ; d'un autre côté, ils ne doivent pas sous-estimer le fait que ces derniers peuvent être naturellement enclins à privilégier le statu quo : les techniciens parce que l'existant fonde leur maîtrise du terrain, les élus parce qu'ils voient tout de suite dans le changement les risques possibles, individuels ou corporatifs. Par conséquent, les habitants seront bien inspirés de ne jamais oublier que c'est eux, et non les autres, qui ont un intérêt majeur dans une réforme de la démocratie locale ; et de veiller à ce que ces « autres » ne les entraînent, après quelques génuflexions devant l'autel de la réforme, dans le vieux réflexe de serrer, chacun dans son style distinctif mais à fond, les freins de l'immobilisme.

Pour un processus de réforme participatif

Pour arriver à « *une organisation territoriale démocratique et efficace* », les associations et les universitaires réunis à Grenoble en novembre 2007 avaient pensé demander au président de la République et au Parlement de réunir des États Généraux de la démocratie en France, « *du type de la Commission Nationale du Débat Public, chargés d'une mission de réorganisation des collectivités françaises, État compris.*

Réunis après les [élections], disposant d'un temps assez long, soutenus financièrement et techniquement par l'État et si possible par d'autres collectivités, ces États Généraux seraient pilotés par un Comité composé par tiers, de représentants
- *des associations d'habitants ou autres structures de quartier*
- *des Conseils de développement*
- *des associations d'élus*[63]

pouvant s'adjoindre autant d'experts (sans droit de vote) que de besoin.

Cette Commission nationale de réorganisation territoriale devrait mener à bien à tous les niveaux un débat utilisant les ressources des technologies de la communication et comportant autant d'allers retours que nécessaire entre niveaux locaux et national. Elle devrait aboutir à des propositions de réforme [...] confiées aux autorités compétentes pour qu'elles en assurent le passage dans la loi ou la Constitution avant les élections de 2012. »[64]

---

[63] Des discussions récentes nous ont fait prendre conscience de la nécessité d'ajouter « et d'associations de fonctionnaires territoriaux » ; cela fait partie des retouches que le débat fera utilement apparaître.
[64] Conclusions de la rencontre de Grenoble, 17 novembre 2007. « Démocratie locale : les habitants veulent réformer » (2 pages, www.cluq-grenoble.org)

D'une part, il est bien possible que, début 2009, le contexte et les possibilités de progrès ne soient plus tout à fait les mêmes et que nos suggestions pour organiser la réforme soient à revoir ; d'autre part, et surtout, notre orientation fondamentale est de faire prévaloir le style participatif : il serait paradoxal que l'on ait cet objectif pour le produit fini (une nouvelle démocratie locale, vraiment démocratique), mais pas pour le travail d'élaboration du produit !

Par conséquent, il nous semble que la première phase du processus de réforme devrait être constituée par la recherche d'une entente sur la façon dont nous allons procéder. Viendrait ensuite une phase de tâtonnement philosophico-idéologique pour élucider si l'on souhaitera se diriger vers un système privilégiant la réactivité centrale (législation polyvalente pour l'ensemble des territoires de la République, planifications et équilibrages depuis Paris, etc.) ou privilégiant la réactivité locale (pleine application des principes de décentralisation – essentiellement par une autonomie authentique des acteurs décentralisés – et de subsidiarité – essentiellement en confiant chaque tâche à l'acteur qui apparaît le plus apte à la mener à bien). Le responsable de ce livre collectif n'a jamais caché sa préférence pour la seconde voie, cela lui a permis d'éprouver combien elle suscitait d'oppositions les plus diverses et de réaliser que la société française, de ses villages jusqu'à son cadre européen, avait tout un travail approfondi à mener pour savoir ce qu'elle était et ce qu'elle voulait.

Ensuite la phase principale de ce processus tranquille pourrait traiter des desiderata univoques et concrets des habitants vis-à-vis de l'exercice de leur souveraineté démocratique et vis-à-vis des prestations qu'ils attendent de collectivités territoriales ; celles-ci seront à définir et organiser dans une phase ultime et non pas, d'entrée de jeu, par une planification administrative depuis le sommet.

Nous ne nous lasserons pas de le dire, le cadrage et les contenus de la réforme de la démocratie locale sont à débattre et à décider ensemble. Pouvons-nous compter sur vous ?

QUELQUES ORIENTATIONS BIBLIOGRAPHIQUES[65]

Michel ADAM, *L'association, image de la société*, L'Harmattan, Paris, 2005.

François ASCHER. *La société évolue, la politique aussi*, Odile Jacob, 2007

ADELS, association pour la démocratie et l'éducation locale et sociale : http://www.adels.org

Marie-Hélène BACQUE, Henri REY et Yves SINTOMER, « *La démocratie participative, un nouveau paradigme* », *Gestion de proximité et démocratie participative, une perspective comparative*, La Découverte, Paris, 2005.

Loïc BLONDIAUX, Gérard MARCOU et François RANGEON (dir.), *La Démocratie locale. Représentation, Participation, Espace public*, PUF, Paris, 1999.

Loïc BLONDIAUX, *Le nouvel esprit de la démocratie. Actualité de la démocratie participative*, Paris : Le Seuil, 2008.

Marc CREPON, Bernard STIEGLER, *De la démocratie participative, fondements et limites*, Mille et une nuits, 2007.

Daniel GAXIE, *La démocratie représentative*, Montchrestien, « Clefs politiques », Paris, 1996.

Jean-Yves GOUTTEBEL, *Stratégies de développement territorial*, Economica, Paris, 2003

INSTITUT DE LA DECENTRALISATION, *Propositions pour une nouvelle décentralisation*. 2007

Michel KOEBEL, *Le pouvoir local ou la démocratie improbable*, Éditions du croquant, Bellecombe-en-Bauges, 2006.

Christian LE BART et Rémi LEFEBVRE (dir.), *La proximité en politique. Usages, rhétoriques, pratiques*, Presses Universitaires de Rennes, Rennes, 2005.

Rémy LE SAOUT, « *L'intercommunalité, un pouvoir inachevé* », Revue Française de Science politique, 2000.

Guillaume MARREL, « *Le cumul des mandats contre la démocratie locale ?* », Pouvoirs locaux, n° 62, septembre 2004.

---

[65] Composées essentiellement à partir de la bibliographie du livre de Marion PAOLETTI, *Décentraliser, d'accord. Démocratiser, d'abord*

Christophe MONDOU, « *L'autonomie financière des collectivités territoriales ou une réforme en "trompe l'œil"* », **Revue Française de Droit Administratif,** mars-avril 2005.

Catherine NEVEU, *Citoyenneté et espace public. Habitants, jeunes et citoyens dans une ville du Nord*, Septentrion, Lille, 2003.

Marion PAOLETTI, *La démocratie locale et le référendum*, L'Harmattan, Paris, 1997.

Marion PAOLETTI, « *Le Sénat et la démocratie locale* », Pouvoirs Locaux, n° 62, septembre 2004.

Marion PAOLETTI, *Décentraliser, d'accord. Démocratiser, d'abord.* La découverte, Paris, 2007

Bruno REMOND, *De la démocratie locale en Europe*, Presses de Sciences Po, « La bibliothèque du citoyen », Paris, 2001.

Pierre RICHARD, *Les citoyens au cœur de la décentralisation*, Éditions de l'Aube, La Tour d'Aigues, 2002.

Pierre ROSANVALLON, *Le modèle politique français. La société française contre le jacobinisme, de 1789 à nos jours*, Seuil, Paris, 2004.

Sandrine RUI, *La démocratie en débat. Les citoyens face à l'action publique*, Armand Colin, Paris, 2004.

Pierre SADRAN, « *Démocratie locale : les carences de l'acte II* », Cahiers Français, n° 318, janvier/février 2004.

Sébastien SEGAS « *L'élu animateur : savoirs de la 'bonne gouvernance' territoriale et légitimation d'un nouvel ordre politique local* » in Romain PASQUIER, Vincent SIMOULIN, Julien WEISBEIN (dirs), *La Gouvernance Territoriale, Pratiques, discours et théories*, Droit et Société, 44, 2007

Petyo TSEKOV, *Direct Democracy, An Overview of history and practices*, Balkan Assist, 2005

Martin VANIER, *Le pouvoir des territoires. Essai sur l'interterritorialité*, Economica, Paris, 2008

Stéphanie WOJCIK, « *Les forums électroniques municipaux. Espaces de débat démocratique ?* », Sciences de la société, n° 60, octobre 2003.

L'HARMATTAN, ITALIA
Via Degli Artisti 15 ; 10124 Torino

L'HARMATTAN HONGRIE
Könyvesbolt ; Kossuth L. u. 14-16
1053 Budapest

L'HARMATTAN BURKINA FASO
Rue 15.167 Route du Pô Patte d'oie
12 BP 226
Ouagadougou 12
(00226) 76 59 79 86

ESPACE L'HARMATTAN KINSHASA
Faculté des Sciences Sociales,
Politiques et Administratives
BP243, KIN XI ; Université de Kinshasa

L'HARMATTAN GUINEE
Almamya Rue KA 028
En face du restaurant le cèdre
OKB agency BP 3470 Conakry
(00224) 60 20 85 08
harmattanguinee@yahoo.fr

L'HARMATTAN COTE D'IVOIRE
M. Etien N'dah Ahmon
Résidence Karl / cité des arts
Abidjan-Cocody 03 BP 1588 Abidjan 03
(00225) 05 77 87 31

L'HARMATTAN MAURITANIE
Espace El Kettab du livre francophone
N° 472 avenue Palais des Congrès
BP 316 Nouakchott
(00222) 63 25 980

L'HARMATTAN CAMEROUN
BP 11486
(00237) 458 67 00
(00237) 976 61 66